Dieter Rünzler
Machismo

KULTURSTUDIEN
BIBLIOTHEK DER KULTURGESCHICHTE

Herausgegeben von
Hubert Ch. Ehalt und Helmut Konrad

Band 16

Dieter Rünzler

MACHISMO

Die Grenzen der Männlichkeit

BÖHLAU VERLAG WIEN · KÖLN · GRAZ

Gedruckt mit Unterstützung durch
den Fonds zur Förderung der wissenschaftlichen Forschung

CIP-Titelaufnahme der Deutschen Bibliothek

Rünzler, Dieter:
Machismo : d. Grenzen d. Männlichkeit / Dieter Rünzler. –
Wien ; Köln ; Graz : Böhlau, 1988
(Kulturstudien ; Bd. 16)
ISBN 3-205-05140-8
NE: GT

ISBN 3-205-05140-8

Herstellung: Druckerei G. Grasl, 2540 Bad Vöslau

Inhalt

Vorwort der Herausgeber

Als neue kulturwissenschaftliche Bibliothek gehen die Kulturstudien von einem Kulturbegriff aus, der eine integrale Sicht des Lebens der Menschen in Vergangenheit und Gegenwart jenseits institutionalisierter Fächergrenzen sucht. Die Doppelnatur des Menschen als biologisch und als sozial determiniertes Wesen, die Mentalitäten und das psychosoziale Klima und die Ausdrucksformen der materiellen Kultur zwischen Arbeit, Kult, Kunst und Freizeit sind Gegenstand dieser Buchreihe, der es um eine Erfassung der conditio humana zwischen Konstanz und Veränderung geht.

In diesem Sinne thematisieren die Kulturstudien die Wahrnehmungsformen und die Ausdrucksformen, die Rituale der Kommunikation und ihre institutionelle Verfassung. Die tradierten Grenzen und Berührungsängste der Humanwissenschaften machen die Realisierung dieses Anspruches schwer, und die Forschung steht in vielen Bereichen erst am Anfang. Die Kulturstudien gehen daher problem- und themenorientiert vor und verlassen die eingefahrenen Geleise traditioneller Fragestellungen.

Die vorliegende Arbeit von Dieter Rünzler über den Machismo hat in vieler Hinsicht paradigmatischen Charakter für die Reihe. Rünzler beschreibt und analysiert die Entstehung und Wirkung eines Stereotyps der Geschlechterrollen am Beispiel Mexikos. Das genau recherchierte Fallbeispiel macht — weit über den regionalen Bezugsbereich hinaus — vieles deutlich, was das Verhalten, Denken und Fühlen von Männern und Frauen prägt. Das Reizvolle an dem Buch ist, daß der Autor mit seinen Analysen weit über die etablierte historische und sozialwissenschaftliche Geschlechterrollenforschung hinausgeht. Die kompetente Einbeziehung psychologischer und psychoanalytischer Erklärungen hat eine faszinierende Verfeinerung des Erscheinungsbildes und der Funktionszusammenhänge, in denen männliche Macht steht, ermöglicht. Die Herausgeber sind der Überzeugung, daß das vorliegende Buch Initialzündung für eine differenziertere Auseinandersetzung mit der männlichen und der weiblichen Identität ist.

Hubert Ch. Ehalt und Helmut Konrad

Wien, im Juli 1988

Vorwort

Francisco „Pancho“ Villa, der Führer der legendären „Division del Norte“ während der Revolution, gilt selbst heute noch als Mexikos Macho schlechthin. Mit 17 Jahren mußte er in die Berge flüchten, da er — der Legende zufolge — einen Mord begangen hatte, um die Ehre seiner Schwester zu verteidigen. Dort lebte er jahrelang als Ausgestoßener, bestritt seinen Lebensunterhalt mit Diebstählen und Überfällen, bis er sich im Zuge der Revolution zum bewunderten und gefürchteten Caudillo (charismatischer Führer) wandelte. Er war, unabhängig von seinen Verdiensten für die Revolution, seinen Gefolgsleuten auch ein Vorbild an Männlichkeit: Gewalttätig, rücksichtslos und sentimental zugleich, großzügig, despotisch gegen Schwächere, servil gegen jene, die er verehrte, listig, todesmutig, eitel, rachsüchtig, äußerst empfindlich gegen jedwede Kränkung seines Ansehens, egoistisch und von einem Weltbild geprägt, welches, trotz seines zeitweiligen enormen politischen Einflusses, die Tat immer über die Theorie stellte.

Er verehrte seine Mutter über alles, prahlte mit seinen zahllosen sexuellen Eroberungen, heiratete vier seiner Geliebten, war Vater einer Schar unehelicher Kinder und der Überzeugung, daß eine untreue Frau erschossen werden müßte[1].

Die Jahre der Kämpfe und die seither verstrichene Zeit haben ihn vollends zum Mythos gemacht, zur Inkarnation des Machos. Aber selbst der „beispielhafteste“ Macho kam bisweilen nicht umhin, die Grenzen seiner Männlichkeit zu erleben, wie die folgende, von John Womack berichtete Episode von einem Treffen zwischen Villa und Zapata deutlich macht:

Abb. 1: Pancho Villa und eine seiner Frauen. Austreberta Renteria Vda. de Villa

Zapata bestellte Kognak, und obwohl Villa Abstinenzler war und um Wasser bat, leerte er tapfer das Glas, mit dem Zapata „auf ihren brüderlichen Bund" anstieß. Villa „erstickte beinahe daran. Sein Gesicht verzerrte sich, und Tränen schossen ihm in die Augen, während er heiser nach Wasser schrie"[2].

Diese Verlegenheit Villas bei dem Versuch, männlich sein Glas zu leeren, um auch als „ganzer" Mann zu gelten, illustriert ein grundlegendes Problem, das im Zuge des Arbeitsprozesses an diesem Buch immer drückender wurde: Wie läßt sich der Machismo, der „Männlichkeitskult", darstellen, ohne die Schimäre eines „ganzen Machos" zu entwerfen, dessen Entsprechung in der Realität nicht zu finden ist.

Der erste Teil der Arbeit beschäftigt sich mit dem gesellschaftlichen Entwicklungsprozeß, im Laufe dessen sich der Machismo als dominierendes „Männerbild" ausformte. Durch Bezüge zu vergleichbaren Formen von Männlichkeit in Spanien von der Zeit der Rekonquista bis zum 18. Jahrhundert, auf die vorkolumbianischen Kulturen, die Besonderheiten der Kolonialgesellschaft und den Prozeß der Konsolidierung des mexikanischen Staates werden Strukturen in der Entwicklung des Machismo deutlich. Die Genese des Machismo ist von jener der Gesellschaft nicht zu trennen; sie wirken wechselseitig in einem Ausmaß aufeinander, das weit über die Art der Beziehung der Geschlechter hinausgeht. Am Beispiel der mexikanischen Gesellschaft soll der Einfluß dieser Vorstellung von Männlichkeit auf die Form der Politik, auf die nationale Identität, auf Rassismus und auf die Selbstbilder bzw. das „Weltbild" der Männer dargestellt werden, die sich an den Inhalten des Machismo orientieren.

Daß dies in manchen Abschnitten der Arbeit auch zu spekulativen bzw. psychologisierenden Interpretationen führt, ist nicht zu vermeiden, und durchaus im Sinne dieser Arbeit. Eine Darstellung von Motivationen, Ängsten und Verdrängungsprozessen anhand von in jeder Hinsicht nachprüfbaren Fakten ist schlichtweg nicht möglich.

Die Beschreibung der damit in Verbindung stehenden Werte und Verhaltensweisen, welche dem Machismo immanent sind und ihm seine Eigenheit verleihen, bildet den Teil II. Hier nimmt vor allem der Vergleich mit anderen Formen von „männlichkeitsbetontem" Rollenverhalten breiten Raum ein, da eine undifferenzierte Vereinheitlichung männlicher Geschlechtsrollen bzw. Geschlechtsrollenstereotypen den Blick auf nationale oder kulturelle Eigenheiten vernebelt. Deren Verständnis (im Sinne von Wahrnehmung) ist aber unerläßlich, will man die daraus resultierenden gesellschaftlichen Konsequenzen erfassen.

Teil III bezieht sich in erster Linie auf den Stellenwert des Machismo in der Auseinandersetzung zwischen den Geschlechtern, auf den Einfluß der Rolle und der realen Position der Frau und auf die Wechselbeziehung von Erziehung und männlichem Rollenverhalten.

Es ist sicherlich nicht möglich, Machismo als *die* männliche Rolle in Mexiko zu bezeichnen: Geschlechtsrollen variieren auch innerhalb einer Gesellschaft je nach Alter, sozialer Schicht und Status. Machismo kann also nur im weitesten Sinne als allgemeingültige Rolle gelten. In dieser Funktion stellt der Machismo aber durchaus ein Stück Realität für den einzelnen dar.

Er konstituiert „handliche", allgemein anwendbare Kriterien bei der Einschätzung und Beurteilung von Personen und Situationen, durch die die tatsächliche Kompliziertheit in den zwischenmenschlichen Beziehungen eine unmittelbare Vereinfachung erfährt. In ihrer Langzeitwirkung ist das blinde Vertrauen in Geschlechtsrollenstereotypen jedoch äußerst problematisch. Daß diese zudem in der Mehrheit durch von Männern dominierten Kommunikationssystemen Verbreitung finden und dementsprechend auch an männlichen Vorstellungen orientiert sind, trägt sicherlich nicht dazu bei, diese Problematik zu vereinfachen.

Es erscheint mir auch einsichtig, daß stereotype Bilder oder Vormeinungen fallweise die Funktion übernehmen, von ihnen abweichendes Verhalten nicht als solches wahrzunehmen, d. h., es entgegen seiner Faktizität in ein Schema einzubinden, um so die persönlichkeitsbedrohende Gefahr seines verändernden Charakters zu bannen[3].

Geschlechtsrollenstereotype sind zwar nur begrenzt aktuell, aufgrund der komplexen Zusammenhänge ihrer Ausformung und ihrer zentralen Bedeutung für die Geschlechtsidentität zeigen sie aber einen erstaunlichen Beharrungswiderstand gegenüber gesellschaftlichen Veränderungen. Zumindest hinsichtlich einzelner Rollensegmente können sie konträr zu der empirisch wahrnehmbaren Realität stehen. Dieses „cultural lag" konstituiert ein Element der Spannung, das in dem Maß zunimmt, in dem die Stereotypen bzw. Autostereotypen als „überholt" gelten müssen[4].

In eben diesem Spannungsverhältnis zur Realität steht auch der Machismo. Er hat wesentlichen Einfluß auf die Erstellung von Selbst- und Fremdkonzepten von Männern, ungeachtet dessen, daß sich die damit in Verbindung stehenden Werte und Vorstellungen an einem Bild von Männlichkeit orientieren, dem zu entsprechen nur mit Hilfe massiver Verdrängungsmechanismen möglich ist. Jede Form einer exklusiven geschlechtsspezifischen Identität kann nur als Konsequenz einer massiven Verdrängung interpretiert werden und nicht als Ausdruck von natürlichen Unterschieden. Der Machismo ist in diesem Sinne Forderung und Hilfe zur Abgrenzung zugleich.

Ob der Machismo als Stereotyp oder als männliche Rolle definiert wird, hat letztendlich keine entscheidende Bedeutung, da die Frage nach den Ursachen und den Auswirkungen des Machismo davon relativ unbeeinflußt bleibt. Diese Auswirkungen sind gravierend; auch wenn der Macho in seiner Welt und Selbstrezeption „unrealistisch“ ist, in seiner Umsetzung und in seinem Bestreben, die Illusion zu wahren, hat der Machismo als Teil des allgemeinen männlichen Herrschaftsanspruches durchaus Realität. Jeder Versuch, diesen Herrschaftsanspruch abzubauen, kommt nicht umhin, stereotypen Bildern Beachtung zu schenken. Da die uns bewußten Stereotypen nicht mehr als die Spitze des Eisberges darstellen, ist es notwendig, die latenten, vorreflexiv wirksamen Erwartungen von Männlichkeit bzw. Weiblichkeit nach Möglichkeit sichtbar zu machen.

Die Emanzipation der Männer von herrschenden Rollenstereotypen ist kein altruistisches Bestreben, sondern vielmehr die Konsequenz aus der nicht mehr zu verdrängenden Einsicht, daß die männlichen Geschlechtsrollen zwar Sicherheit und Vorteile auf vielen Gebieten bieten, damit aber auch die Breite der Persönlichkeit und die Tiefe des Erlebens schmerzhaft beschneiden.

In diesem Sinne ist auch die hier vorliegende Arbeit zu verstehen: Als manchmal lustvolle Reminiszenz über gewohnte Bilder von „Männlichkeit“, als bitteres Erkennen ihrer Auswirkungen und als zögernde Suche nach neuen Formen.

Zur Etymologie des Begriffes „Machismo“

„Macho“, ein Derivat von Machismo, ist zum Modewort geworden! In einer Zeit, in der die Geschlechtsrollen doch etwas von ihrer Selbstverständlichkeit verloren haben, bietet der Begriff „Macho“ ein bequemes Hilfsmittel, um oberflächlich alle Formen traditionell männlichen Rollenverhaltens zu benennen. Entsprechend der unreflektierten Anwendungsweise ist das Spektrum der „Machos“ weit gestreut: Kultfiguren wie Humphrey Bogart oder Rambo (je nach intellektuellem Anspruch), Politiker wie Ronald Reagan oder Fidel Castro, Wirtschaftsbosse, Schauspieler, Sänger, Autoraser, Lederjackenträger — der Anwendungsbereich erscheint nahezu unbegrenzt. Auch die Soziologie und Geschichtswissenschaft machen hier keine Ausnahme: Paul Veyne[1] spricht von Rom als einer machistischen Gesellschaft und Philippe Ariès[2] vom Machismo des Apostel Paulus.

Der Verlockung, ein Stereotyp zu verwenden, zu dem jeder seine persönlichen Assoziationen entstehen lassen kann, ohne sich mit der Schwierigkeit zu konfrontieren, diese erläutern zu müssen, ist anscheinend schwer zu widerstehen: was bei einem derart diffusen Thema wie dem „Männlichkeitswahn“ auch nicht zu verwundern braucht. „Macho“ hat als emotionales und durchaus auch als polemisches Schlagwort zur Charakterisierung von „männlichkeitsbetontem“ Verhalten zweifelsohne seine Berechtigung, auf einer darüber hinaus gehenden Ebene ist die Verallgemeinerung der Erscheinungsformen von „Männlichkeit“ jedoch unsinnig. Die Verallgemeinerung von durchaus unterschiedlichen Rollenmustern verstellt den

Blick auf die verschiedenen historischen, sozialen und psychologischen Entstehungsbedingungen, erschwert die Analyse der daraus entstehenden Auswirkungen und verhindert die Erstellung von differenzierten Änderungsvorschlägen.

Im Zusammenhang mit „überlegener Männlichkeit" ist das spanische Wort „Macho" zweifelsohne primär an den geographischen Raum Lateinamerikas gebunden. So wird auch in keinem der großen Lexika außerhalb des spanischen Sprachraumes „Macho" oder „Machismo" erwähnt[3]. Auch in der 69bändigen spanischen „Enciclopedia Universal Illustrada" wird der Begriff „Machismo" noch nicht berücksichtigt. „Macho" ist ein gebräuchliches spanisches Wort und wird deshalb selbstverständlich angeführt, allerdings nur in seiner primären Bedeutung von „Tiermännchen", in dem adverbialen Gebrauch von „stark" und „robust" und als Synonym von „hombre necio" (ein dummer, tölpelhafter Mann).

Erst in jüngster Zeit wird auch in Spanien Macho allgemein mit „mannhafter Kerl" übersetzt. Dieser Wandel der Konnotation vom Tölpel zum „ganzen Mann" wird schon dadurch illustriert, daß sich eines der größten Männermagazine Spaniens „Macho" nennt.

In Lateinamerika hat sich dieser Bedeutungswandel schon vor längerem vollzogen. Die Derivate des Begriffs sind vielfältig, stehen aber immer im Kontext mit positiv interpretierter Männlichkeit. In Honduras bezieht sich die adverbial angewandte Phrase „a macho" auf etwas solides und bestimmt Gemachtes: in Puerto Rico bedeutet „pasar el macho" zu scherzen, „pararle a uno el macho" heißt in Venezuela, Kolumbien und Ecuador, exzessive Ausschweifungen in Schranken zu halten; „a lo macho", ein allgemein verbreiteter Ausdruck, steht für „wie ein Mann" und „no apearse uno de su macho" drückt die männliche Fähigkeit aus, sich von vorgebrachten Gründen oder Überredungskünsten von seiner eigenen Meinung bzw. Vorstellung nicht abbringen zu lassen[4].

Die mit Machismo assoziierten Inhalte unterscheiden sich in den verschiedenen Ländern Lateinamerikas nicht wesentlich, wie aus den folgenden Machismo-Defini-

DAPITAN QUIAPO
BACLARAN
GIGI
JOJO
JOJO
GIGI
MOTOR WORKS
296 AS
PUJ PILIPINAS 80
MACHO BOY

tionen der „Historical Dictionaries of Mexico, Bolivia and Peru“ ersichtlich wird:

Machismo: Der mexikanische Kult um männliche Überlegenheit, männliche Kraft, persönliche Stärke und Mut. Im Politischen bedeutet es, gegen seine Widersacher zu gewinnen, an der Staatsführung auf vielen Ebenen beteiligt zu sein und mit seiner politischen Linie und seinen Ansichten zu dominieren sowie seine Feinde im In- und Ausland zu besiegen. Bedeutet das Gegenteil von kompromißbereit oder schwach sein im privaten wie im öffentlichen Leben[5].
Machismo: Männlichkeit. Spanisch sprechende männliche Bolivianer machen oft den in Lateinamerika weitverbreiteten Anspruch auf Machismo geltend. Dieser äußert sich nicht nur in einer aggressiven und ausschweifenden Sexualität, in Verwegenheit, Überheblichkeit und Herrschsucht, sondern auch in Wortgewandtheit und anderen männlichen Fertigkeiten[6].
Machismo bezeichnet jenen Lebensstil, der Männlichkeit durch die Unterdrückung von Frauen und durch Mut in Situationen physischer Herausforderungen demonstriert. Es bedeutet auch, seine männliche Kraft dadurch unter Beweis zu stellen, seine Frau oder Freundin zu schwängern so oft es die Natur erlaubt, was auch die Abneigung der Peruaner gegenüber der Geburtenkontrolle erklärt. Im Politischen bedeutet es, alle Gegenkandidaten mit deren Programmen und Vorschlägen zu besiegen[7].

Die leicht differierenden Inhalte dieser drei Kurzdefinitionen von Machismo reflektieren nicht so sehr länderspezifische Unterschiede als unterschiedliche Schwerpunktsetzungen der verschiedenen Autoren.

In Mexiko war bis zur Mitte dieses Jahrhunderts „Macho“ erstaunlicherweise ein selten verwendeter Begriff. Americo Paredes, der sich, um den mexikanischen Machismo zu beschreiben, hauptsächlich auf eine Corrido-Sammlung des Folklore-Forschers Vincente F. Mendoza bezieht, betont, daß in keinem der Lieder der Kolonialzeit, der Unabhängigkeitskriege und der Reformation das Wort Macho oder seine Ableitungen erwähnt werden[8].

Ob diese Aussage in ihrer Absolutheit berechtigt ist, ist nicht zu überprüfen: ungeachtet dessen bleibt doch unbestritten, daß der Begriff Macho erst in den vierziger Jahren des 20. Jahrhunderts seine heutige Popularität erhielt. Paredes erklärt sich die rasche Verbreitung von „Macho“ unter anderem dadurch, daß der Begriff mit dem Namen des damaligen Präsidenten Camacho in Verbindung gebracht wurde; diese Interpretation erscheint mir allerdings sehr gewagt und zu sehr „folkloristisch“[9].

Wesentlich wichtiger für die Verankerung des Begriffes „Macho“ im allgemeinen Sprachgebrauch war sicherlich dessen Assoziation mit „Mexikanertum“. Mexiko wurde zum Volk der Machos, wie es in den folgenden Corridosequenzen ausgedrückt wird:

> Viva el pueblo siempre macho! Augustin el general!
> y Viva Avila Camacho y la vida sindical[10]!
>
> *Hoch lebe unser machistisches Volk! Der General Augustin!*
> *Hoch lebe Avila Camacho und die Gewerkschaft.*
>
> Yo soy puro mexicano
> y me he echado el compromiso
> con la tierra en que nací
> de ser macho entre los machos
> y por eso ufano yo le canto a mi pais[11].
>
> *Ich bin ein reiner Mexikaner,*
> *und ich habe meiner Heimat gegenüber*
> *eine Verpflichtung,*
> *Macho zu sein unter Machos,*
> *und deshalb besinge ich stolz mein Land.*

Der hier zum Ausdruck kommende Zusammenhang zwischen der Betonung der nationalen Eigenheit Mexikos Anfang und Mitte des 20. Jahrhunderts und dem Machismo wirft ein Licht auf einen wichtigen Abschnitt in dem Prozeß, der dazu geführt hat, Machismo als eigenes Geschlechtsrollenstereotyp zu etablieren.

Um dessen historische Hintergründe zu erfassen, ist es allerdings notwendig, weiter zurück zu gehen, als nur bis zu der Zeit, in der der Begriff populär wurde. Ohne den Längsschnitt einer historischen Betrachtung der Rollenstereotypen des mittelalterlichen Spaniens, der Eroberer Mexikos und die ihrer besiegten Gegner und der speziellen Gesellschaftsform des Kolonialsystems, muß jeder Versuch, die Genese des Machismo zu „begreifen“, scheitern.

Der Machismo als Folge der Kolonialisierung und als prägendes Element einer Kolonialgesellschaft

Abb. 3: Der Charakter des Mexikaners ist eine Frucht der in seinem Lande herrschenden sozialen Verhältnisse: Die Geschichte Mexikos, die Geschichte dieser Verhältnisse, enthält die Antwort auf alle diese Fragen. Die Lage des Volkes während der Kolonialzeit ist die wahre Wurzel unserer verschlossenen und unsteten Art (Octavio Paz)

DER KONQUISTADOR

Die Effizienz alter Ideale in der Neuen Welt

Das Spanien, von dem die Konquistadoren auszogen, um die neue Welt zu erobern, war nicht mehr das Land, in dem „der Friede unproduktiver war als der Krieg“[1] und in dem der „Wert“ eines Mannes von seinem Ruhm als Kämpfer bestimmt wurde.

In der langen Phase der Rekonquista[2] war dieser Ruhm die Ausgangsbasis auf dem Weg zu Macht, Reichtum und Ehre gewesen und der Erwerb von Waffen und einem Pferd die lukrativste Investition dafür. Natürlich war das Leben als Krieger nicht die einzige ehrenvolle Männerrolle der spanischen Gesellschaft, aber daß der Krieger in den Jahrhunderten aggressiver christlicher Expansion zu einem Leitbild von hoher Durchsetzungskraft für den größten Teil der Bevölkerung avancierte, braucht nicht zu verwundern.

Zudem erwiesen sich in der Regel die Mauren, Moriskos und Juden in den Künsten, dem Handwerk und der Technik der christlichen Bevölkerung gegenüber als überlegen, und das trug ein übriges dazu bei, daß diese den „christlichen Ritter“ zu ihrem erstrebenswerten Ideal hochstilisierten.

Der Schneider (alfayate), der Maurer (albañil), der Barbier (alfajeme), der Maultiertreiber (harriero), der Architekt (alarife), der Eichmeister (almotacen), der Schuhmacher (zapatero) usw. waren in der großen Mehrzahl Mauren, der Steuereinnehmer (almojarife), der Arzt, der Apotheker, der Tierarzt (albeitar), der Kaufmann, der Astrologe, der Dolmetscher (truchiman) überwiegend Juden. Die Erzeugnisse bzw. die Leistungen dieser Berufsgruppen wurden geschätzt, diejenigen, die sie ausübten, aber auf Grund ihrer Abstammung, Religion — oder wenn sie Christen waren, wegen ihrer Gemeinsamkeit mit den Mauren, Juden oder Moriskos — abgelehnt[3].

Für den gemeinen Christen, der sich nicht mit einer Existenz als Bauer oder Viehhirte abfinden wollte, eröffnete der Krieg einen Ausweg, um der Begrenztheit seiner sozialen Schicht zu entkommen. Die andauernden Kämpfe und Geplänkel mit den Mauren boten über lange Zeit hinweg einer breiten Bevölkerungsgruppe die Möglichkeit, Beute zu machen, Land zu erobern und sozial aufzusteigen. Bis zu der Eroberung von Granada mußte ein christlicher Kämpfer nur genügend Geld zur Verfügung haben, um sich mit Pferd und Waffen selbst zu versorgen, um als „Caballero Villano" zu gelten. Die damalige leichte spanische Rüstung, die es selbst einem erwachsenen Mann noch möglich machte, die Kampftechnik zu erlernen, erleichterte diesen Einstieg in die Klasse der Krieger[4].

Vom Stand des Caballero Villano fiel wiederum der Aufstieg zum „Hidalgo" relativ leicht. Entscheidend dafür war ein Minimum an Wohlstand und öffentlichem Ansehen; beides ließ sich am einfachsten durch militärische Erfolge erlangen. In dem Wort „Hidalgo" kommen diese beiden Voraussetzungen am besten zum Ausdruck. „Hidalgo" oder „Hijodalgo", „Fijodalgo" steht sehr wahrscheinlich für „hijo de algo", also „Sohn von irgendetwas", „algo" hatte im mittelalterlichen Spanien die Bedeutung von „etwas" im Sinne von Gut oder Besitz.

Der endgültige Abschluß der Rekonquista durch die Eroberung Granadas markierte zugleich den Höhepunkt und eine Wende des Stellenwertes, den die Kriegerlaufbahn in dem sich nun konstituierenden Staatsgebilde einnahm. Die über Generationen hinweg umkämpften Grenzgebiete, die ein großes Maß an individuellen Freiheiten und Möglichkeiten geboten hatten, waren befriedet, und seßhaftes Leben und gebundener Wohlstand wurden zunehmend weniger verächtlich und vielmehr als begehrlich angesehen[5]. Die Ausweitung des Hofes sowie die Schaffung großer administrativer Organisationen trug ein übriges dazu bei, das soziale Gefüge weniger durchlässig zu machen.

Aber auch diejenigen Kämpfer, die schon ihren Platz in der sozialen Hierarchie gefunden hatten, mußten oftmals mit Bestürzung feststellen, wie unsicher ihre auf kriegerischen Leistungen, Ehre und Ruhm basierende Stellung in der sich verändernden Gemeinschaft war. Daran, daß die „Ehre" das entscheidende Element der Männlichkeit eines Mannes war, änderte sich wenig, aber die Inhalte, auf denen diese Ehre basierte, waren nicht mehr die alten.

Der Prozeß der Konsolidierung von staatlicher Macht und Kontrolle verband sich mit dem Anspruch nach geordneten Verhältnissen und wirtschaftlicher Prosperität, der zunehmend weniger Platz für ein Männerbild ließ, das sich primär am Kampf und an Eroberungen kriegerischer Art orientierte. Die zukünftigen Eroberer Lateinamerikas können sicherlich als repräsentativ für einen beträchtlichen Teil der spanischen Männer während der Rekonquista gelten, aber mit Beginn des 16. Jahrhunderts wurden sie zunehmend zu Außenseitern in ihrem eigenen Land.

In ihrem Selbstverständnis und der Art, in der sie versuchten, ihre Ansprüche umzusetzen, unterschieden sich die Konquistadoren bereits signifikant von der Mehrzahl ihrer Landsleute. Diese Andersartigkeit zeigte sich dabei nicht zuletzt in ihrem Bestreben, so zu leben, wie ihre Vorbilder in der von ihnen idealisierten Vergangenheit[6]. Vorwiegend waren es sehr junge Männer zwischen 15 und 20 Jahren aus Andalusien, Alt- und Neukastilien und der Estremadura, die ihre Vorstellungen von der Zukunft nur in der Eroberung von „Nueva España" verwirklichen zu können glaubten[7].

Ihre spezielle Sozialisation prägte die Auffassung, daß Eroberung der Weg und Heldentaten die Mittel seien, um all das zu erlangen, was ihnen in Spanien versagt geblieben war. Die entdeckten Länder an sich hatten als „fremde Welt" für den Konquistador kaum einen Wert, in seinen Besitz bringen wollte er das, was er schon von Spanien her kannte. All das „Spanische", was er schon dort begehrt bzw. erstrebt hatte und was ihm Lateinamerika nicht geben konnte, wurde für ihn durch die Distanz zu seiner Heimat dann auch doppelt wertvoll.

Diese sehr konkrete Erwartungshaltung an die Neue Welt schloß aber nicht aus, daß die Spanier ihre mythischen Phantasien auf die entdeckten Gebiete projizierten und in der Verklärung der Vergangenheit sich selbst als die Nachfolger der Helden aus Ritterromanen sahen. Claude Levi-Strauss hat überzeugend beschrieben, daß die Spanier nicht so sehr auf der Suche nach etwas „Neuem" nach Amerika fuhren; was sie zu finden hofften, war die Verwirklichung alter Überlieferungen. Sie erwarteten die

Prophezeihungen des Alten Testamentes und die Schilderungen aus griechisch-römischen Mythen, ebenso wie jene von Atlantis oder den Amazonen[8].

Selbst Hernan Cortéz — der im übrigen in seinen Handlungen ein außergewöhnliches Reflexionsvermögen und eine erstaunliche Nüchternheit erkennen läßt — konnte sich von diesen weitverbreiteten Erwartungen nicht verschließen; so schreibt auch er in seinem zweiten Brief an Kaiser Karl von einer sagenhaften Insel der Amazonen[9]. Diese jüdisch-lateinischen Vorstellungen mischten sich mit mittelalterlichen Legenden wie jener von den „Siete Ciudades", „El Dorado" oder dem „Fuente Brimini" und dem Glauben an christliche Wunder. Insbesondere der in der Rekonquista wurzelnde Mythos von Santiago, dem Heiligen, der den Christen in der Schlacht aktiv zu Hilfe käme, wird in den Quellen immer wieder zitiert. In dem Zeitraum von 1518—1892 wurden von den Chronisten 13 Erscheinungen von Santiago auf seinem weißen Pferd berichtet[10].

Je unüberbrückbarer die Kluft zwischen den Ansprüchen und der Alltagsrealität in Spanien für viele Männer wurde, desto verlockender wurde es für die Abenteurer unter ihnen, die Erzählungen über die sagenumwobenen Länder für bare Münze zu nehmen und in die „Neue Welt" aufzubrechen, um dieser ihre Schätze und Wunder zu entreißen — so, wie es ihre Väter schon in Spanien getan hatten[11].

Die Mentalität des Konquistadoren mit jener der Rekonquista gleichzusetzen, wird den Zeitumständen allerdings nicht gerecht. In bestimmten Aspekten war er sicherlich noch ein Mensch des Mittelalters, viele seiner Zielsetzungen orientierten sich aber schon eindeutig an dem Weltverständnis der Neuzeit[12]. Diese Mischung von Charaktereigenschaften und Wertsetzungen sollte sich im Zuge der Konquista als für die Eroberung zweckmäßig und für die Eroberten als besonders verhängnisvoll erweisen.

Neuzeitlich war die absolute Vorrangigkeit des Strebens nach Reichtümern. Cortéz erklärte einem indianischen Führer die offensichtliche Habsucht der Spanier damit, daß sie unter „einer Krankheit des Herzens litten,

Abb. 4: Die Amazonen

Abb. 5: Die „Kopflosen“ nach der Vorstellung der Epoche:
„Von den Wunderbaren Leuten
so in Guayana zu finden
. . . so ohne Hälß und Köpff seyn . . .“

welche nur mit Gold zu heilen sei". Dieser „Krankheit" entsprach der Wandel der mittelalterlichen Werte, mit denen der Konquistador konfrontiert war und auf den er entsprechend reagierte. Treffend beschreibt Eric Wolf den spanischen Eroberer als „knight errant in cultural form and primitive capitalist in disguise"[13]. Dies implizierte allerdings keineswegs, daß Ehre und Ansehen für diese Männer nicht auch von größter Bedeutung gewesen wären.

„Edle Männer müssen das Leben suchen, vom Guten zum Besseren schreiten ... und danach trachten, Ehre zu gewinnen"[14], schreibt Bernal Diaz, und weiters zitiert er Cortéz, wie dieser mit dem Argument der Ehre seine zögernden Soldaten zum weiteren Vormarsch überredete: „Cortéz erwiderte, eher verärgert, daß es, wie es im Psalm heißt, besser sei, für eine gute Sache zu sterben, als entehrt zu leben"[15]. Aussagen dieser Art sind allerdings weitgehend als Ausdruck einer nachträglichen Ideologisierung zu interpretieren. Nur mit dem Argument der Ehre allein hätte kein spanischer Expeditionsleiter — die ja auch immer den größten Anteil an der Beute für sich in Anspruch nahmen — seine Männer zu weiterem Vorgehen überreden können. Auch den Konquistadoren war längst schmerzhaft bewußt geworden, daß ihre Kriegerehre allein nicht ausreichte, um den Lebensunterhalt zu fristen.

Die gegenseitige Bedingtheit von Ehre und Besitz hatte sich allmählich, im Unterschied zu der Zeit der Rekonquista und auch zur aztekischen Gesellschaft, umgekehrt[16]. Titel wie die Hidalguia führten nicht mehr beinahe zwangsläufig zu einem Vermögen, sondern eben dieses war die Basis für ein hohes Prestige und ein ehrenvolles Leben.

Die Einstellung zu Arbeit und Gelderwerb im Spanien der Neuzeit

> „Poderoso Caballero
> es Don Dinero"[17].
>
> *Ein mächtiger Ritter*
> *ist der Herr „Vermögen"*

schrieb der spanische Dichter Quevedo mit einem kritischen Blick auf eine sich entwickelnde Bevölkerungsgruppe, die weder die berühmte Alternative „iglesia, o mar, o casa real“ (Kirche, Meer oder Dienst am Hof) als einziges erstrebenswertes Ideal gelten ließen, noch die Verachtung der Soldaten für Handel oder körperliche Arbeit teilten. Diese Verachtung von Geschäften und händischer Arbeit mit Ausnahme der Landarbeit und der Arbeit mit Geld war auch in der Zeit der Rekonquista nie so stark, wie es viele zeitgenössische Berichte zum Ausdruck bringen wollen[18].

Die Ansicht, daß Arbeit unehrenhaft sei und „unwürdig eines freien Mannes“[19], bestand nicht durchgehend in ganz Spanien, nicht einmal überall in Kastilien und Asturien. Sie galt keineswegs für die sich ab Ende des Mittelalters entwickelnde Schicht von christlichen Handwerkern und Kaufleuten, welche eigene Werthaltungen gegenüber dem Adel und ein unterschiedliches Verständnis von „nobel“ aufbaute. Vor allem die städtische Schicht der Kaufleute beanspruchte für sich, daß sie „negocios honorados“ — ehrenhaften Handel — ausübte, und war schon im 16. Jahrhundert eine aktive, sich entwickelnde Minderheit. Ihre Werte waren zwar nicht völlig von denen des Adels und der Krieger verschieden; auch die Karriere eines Händlers hatte — um allgemein als erfolgreich zu gelten — in den Adelsstand zu münden. Aber die Mittel, um dies zu erreichen, unterschieden sich völlig von den traditionellen.

Ab der Mitte des 16. Jahrhunderts gab es auf Grund der finanziellen Krise der Krone die Möglichkeit, sich den Titel eines Hidalgos zu kaufen. „Caballeros cuantiosos“ wurden bis zur ersten Hälfte des 17. Jahrhunderts diejenigen Personen genannt, die durch Wohlstand adeligen Status erlangt hatten[20].

In dieser Schicht galt eine kontemplative Lebensweise oder die Soldatenlaufbahn keineswegs als vorbildhaft. Diese Bevölkerungsgruppe hatte Ansehen erlangt, weil sie wohlhabend war, und dieser Wohlstand basierte auf ihrer Arbeit.

Auch der schon bestehende Adel distanzierte sich nicht völlig von den lukrativen Möglichkeiten, die der Handel bot. Der Groß- und Seehandel wurde nie als unvereinbar mit dem Adelsstand angesehen. Den Bestrebungen, jede

Art von händlerischer Aktivität für diese Schicht zu verhindern, standen immer wieder Ausnahmen gegenüber, welche dies ermöglichten. Dadurch, daß z. B. der Ritterorden von Santiago den Begriff „Händler" auf Ladeninhaber einschränkte, ermöglichte er seinen Mitgliedern ein breites Spektrum an Aktivitäten[21].

Wahrlich „unwürdig eines freien Mannes" — und um so mehr eines Mannes, der Ansehen und einen besonderen Status für sich beanspruchte — war vielmehr die offenkundige Armut. Wer es sich nicht leisten konnte, nobel zu leben, galt auch nicht als nobel. Lope de Vega beschrieb im 17. Jahrhundert die Bedeutung des Geldes in einem berühmten Gedicht.

> No dudes qu el dinero es todo en todo,
> es principe, es caballero, es hidalgo,
> es alta sangre, es descendiente godo[22].
>
> *Zweifle nicht, daß das Geld einfach alles ist,*
> *es ist Prinz, es ist Caballero, es ist Hidalgo,*
> *es ist edles Blut, es ist spanische Abstammung.*

Die Ehre des Kriegers

Der Anspruch, nobel zu sein und nobel zu leben, waren zwei Inhalte, die im Spanien des 16. Jahrhunderts für eine zunehmende Zahl von Männern kaum zu vereinbaren waren. Soldaten, und besonders Hidalgos, orientierten ihr Selbstbild aus diesem Grund an einem Konzept von individueller Ehre, welches auf Unabhängigkeit und der permanenten Demonstration von Überlegenheit über andere beruhte. Dieses Streben nach Erhöhung des eigenen Ansehens durch Erniedrigung der anderen, welches für den Soldaten ja eine sehr zweckmäßige Ideologie darstellte, wirkte in Friedenszeiten als asoziales Element in der Gesellschaft. Für die Soldaten, und insbesondere für die Hidalgos unter ihnen, stellte ihre Ehre bzw. ihr Ruf oftmals das einzige Kapital dar. Sie nahmen den untersten Platz in der Hierarchie des Adels ein und waren deshalb besonders darüber besorgt, ihren „höheren" Wert gegenüber den Bauern, Handwerkern und allen Steuerzahlenden zu demonstrieren.

Auch in der Neuen Welt, in der viele ihr Glück suchten,

war die Situation für die Hidalgos nicht um vieles besser als in Spanien. Thomas Gage, ein englischer Reisender des 16. Jahrhunderts, berichtete, daß unzählige Hidalgos das Land „verseuchen“. Diese würden sich trotz ihrer offenkundigen Armut mit Stolz auf ihre direkte Abstammung von den Konquistadoren berufen und darauf bestehen, daß keine Widrigkeit der Welt ihnen auch nur ein Stäubchen ihrer Ehre als Adelige nehmen könne[23]. Auch in Spanien selbst war der Anteil der Bevölkerungsgruppe, die für sich in Anspruch nahm, adelig zu sein, sehr hoch. Die Schätzungen schwanken zwischen 10 % und 13 %, wobei der Prozentsatz von Norden nach Süden abnahm. Henry Kamen spricht von nur 1 % Hidalgos in Andalusien und von 10 % in Kastilien, während im heutigen Baskenland jeder den Status für sich beanspruchen konnte. Die Stellung des traditionellen Hidalgos, d. h. dessen Vorfahren sich den Titel im Zuge der Rekonquista erworben hatten, wurde — insbesondere im Süden — von zwei Seiten her bedroht. Wegen der Reputation und der praktischen Vorteile — Hidalgos zahlten keine Steuern, ihr Besitz konnte in Zivilprozessen nicht beschlagnahmt werden, sie konnten nur vor bestimmte Gerichte gestellt werden — kauften sich immer mehr wohlhabende Bürger den Hidalgo-Titel und den Hábitos (die Mitgliedschaft in einem militärischen Orden). Allerdings litt das Ansehen der Hidalguia- und Hábito-Träger unter dieser „Verbürgerlichung“, und der höhere Adel äußerte immer offener seine Verachtung für diese Schicht[24].

Die Ablehnung der Hidalgos durch den höheren Adel gründete nicht nur in der Käuflichkeit ihres Titels, sondern auch darauf, daß die Krieger unter den Hidalgos den immer differenzierteren und subtileren Verhaltensnormen der Oberschichte nicht mehr entsprechen konnten. Der Verhaltenskodex des Adels entfernte sich immer mehr von den Idealen des mittelalterlichen Kriegers und dessen psychischer Struktur, die — laut Norbert Elias — eine umfassende und beständige Kontrolle der Triebe und Affekte weder nützlich noch möglich erscheinen ließ:

Die gesellschaftliche Funktion des freien Kriegers ist in der Tat so gebaut, daß die Gefahren sehr lange voraussehbar sind, daß die Wirkung der einzelnen Handlungen sehr genau bis ins dritte oder vierte Glied bedacht zu werden vermag (wenn sie sich auch bereits im Mittelalter mit der zunehmenden Zentralisierung des Heerwesens langsam in dieser Richtung verwandelt hatte). Zunächst ist es die unmittelbare Gegenwart, die den Antrieb gibt; wie diese, die augenblickliche Lage, wechselt, so wechseln auch die Affektäußerungen; bringt sie Lust, so wird die Lust voller ausgekostet, ohne Berechnung, ohne Gedanken an die möglichen Folgen in irgendeiner Zukunft; bringt sie Not, Gefangenschaft, Niederlage, so müssen auch sie rückhaltslos erlitten werden; und die unaufhebbare Unruhe, die stete Nähe der Gefahr, die ganze Atmosphäre dieses wenig berechenbaren und unsicheren Lebens, in dem es allenfalls kleine und oft rasch vergängliche Inseln eines geschützteren Daseins gibt, erzeugt häufig genug selbst, ohne äußeren Anlaß, solche plötzlichen Umschwünge von ausgelassenster Lust zu tiefster Zerknirschung[25].

Mit der Herausforderung von differenzierteren Gesellschaftssystemen wird zuerst nur in der Oberschicht und dann in der Folge auch in anderen sozialen Bereichen, die Kontrolle der Affekte und die Entwicklung einer Langsicht zwingend notwendig.

Die Gewöhnung an eine Langsicht, die strengere Regelung des Verhaltens und der Affekte, die ihre Funktionen und ihre Lage den jeweiligen Oberschichten zur Gewohnheit machen, bilden für diese Schichten, also zum Beispiel für die kolonisierenden Europäer, wichtige Instrumente ihrer Überlegenheit über andere; sie dienen ihnen als Unterscheidungsmerkmale; sie gehören zu den Prestige gebenden Kennzeichen ihrer Stellung als Oberschicht[26].

Für das Selbstverständnis und den Status der Hidalgos war allerdings ihre oft nicht zu verbergende Armut noch unvergleichlich bedrohlicher als ihr fehlender „Stil“. Abgesehen von einer Minderheit, der ihre kleinen Ländereien einen standesgemäßen Lebenswandel ermöglichten, und jenen, denen es gelang, in Lateinamerika auf die traditionelle Weise zu einem Vermögen zu kommen, litt der Großteil doch unter dem „subtilen Hunger der Hidalgos“[27] wie es Cervantes nannte. Die Armut stellte das Selbstbild der Hidalgos in Frage, da es als ehrenrührig galt, nicht seinem Status entsprechend zu leben. Nur wer seinen Stand repräsentieren konnte, hatte ein Recht auf diesen. So flüchteten sich viele in die Städte, um ihre Armut in der Anonymität zu verbergen, wie jener Edelmann, der in dem Roman „Lazarillo de Tormes“ seinem Burschen deutlich macht, daß er einzig und allein seine Heimat verlassen hatte, um nicht vor seinem Nachbarn, einem Adeligen, den Hut ziehen zu müssen.

„Ich glaube, Herr“, sagte ich (der Bursche, d. A.) zu ihm, „ich würde mich darum nicht kümmern, zumal nicht bei denen, die mehr sind und mehr haben als ich.“
„Du bist ein junger Bursch“, antwortete er mir, „und verstehst nichts von Sachen der Ehre, worin heutzutage der ganze Wert der Männer von Anstand besteht. Nun, ich will dich wissen lassen, daß ich, wie du siehst, ein Junker bin; doch ich schwöre dir bei Gott: wenn ich einen Grafen auf der Straße träfe, und er den Hut nicht tief vor mir zöge, so wüßte ich es das nächstemal, wenn er käme, so einzurichten, daß ich in ein Haus ginge, als hätte ich darin etwas zu erledigen, oder würde lieber eine andre Straße gehn, wenn es die gäbe, als daß er mit mir zusammenträfe, nur um nicht vor ihm den Hut ziehen zu müssen. Denn ein Adeliger schuldet niemandem etwas, außer Gott und dem König, und es ist auch nicht recht, daß er als Mann von Anstand nur einen Augenblick übersieht, was er seiner Person schuldig ist.“[28]

Diese Selbstachtung, um die der hier zitierte Hidalgo so besorgt ist, durfte er nicht verlieren, da er sonst alles aufgegeben hätte, worauf sein Stand gründete. Gerade bei den Hidalgos, die in den wenigsten Fällen repräsentativen Besitz hatten, und keinen festen Platz in einem stabilen Verwandtschaftssystem mehr einnahmen, reduzierte sich die äußerbare Ehre auf den unmittelbaren Bereich der körperlichen Erscheinung. Ihr Wert zeigte sich in ihrem Auftreten, der eigenen Kraft, den Gesten, in der Fähigkeit als Kämpfer und in den individuellen Charaktereigenschaften wie Mut, Großzügigkeit und Todesverachtung.

In den Autobiographien der spanischen Soldaten dieser Zeit kommt ihr permanentes Bemühen zum Ausdruck, mit einem männlich-überlegenen Auftreten auch in Friedenszeiten ihren höheren Wert gegenüber Männern anderer Professionen zu unterstreichen[29]. Vertreter der Ideologie des Krieges, wie Quevedo oder Isaba, unterstützten sie darin, indem sie unbeirrt die Meinung vertraten, daß nur das Waffenhandwerk eines Spaniers würdig sei[30].

Die Würde des Kriegers war aber keineswegs mehr unangefochten, und trotz aller Bemühungen kamen diese Männer nicht umhin zu erkennen, daß die Zeit, in der das Waffenhandwerk oder gar das Rittertum von einer breiten Bevölkerungsschicht verherrlicht wurde, im Ausklingen war. Nicht zufällig erschienen zwei Drittel der 276 zwischen 1501 und 1650 publizierten Ritternovellen schon im frühen 16. Jahrhundert[31].

Eine immer größer werdende Anzahl der Bevölkerung verachtete die Soldaten, wie in dieser Schilderung eines Autors des 17. Jahrhunderts deutlich wird.

Ich sah an einem Ort Spaniens, wie der Sohn eines Bauern sich gegen den Willen des Vaters als Soldat anwerben ließ und wie der Vater und die Verwandten weinend auf die Straße gingen und sagten, daß sein Sohn Schande über die ganze Familie bringe . . . Die Leute sind so sehr überzeugt, daß alle, die sich als Soldat anwerben lassen, ehrloses und gemeines Volk sind, daß jeder Schneider oder Schuster es für eine große Schande hält, wenn sein Sohn Soldat ist[32].

Derart deutlich war die Verachtung, die den Eroberern der Neuen Welt entgegengebracht wurde, sicherlich nicht, aber ohne Beute galten auch sie nichts. Gold war die Grundlage der Ehre. Las Casas hat dies klar ausgedrückt:

Denn durch das Geld erreichen die Menschen alles, was sie an Zeitlichem benötigen oder begehrten, wie zum Beispiel Ehre, Adel, Stand, Familie, Prunk, prächtige Kleider, feine Speisen, die Wonnen des Lasters, die Möglichkeit, sich an ihren Feinden zu rächen, hohes Ansehen für ihre Person[33].

„Arm zu sein" und „ehrlos zu sein" waren somit zwei Begriffe, die nahe beieinander lagen. Für die Konquistadoren galt diese Bedrohung noch um so mehr, da der größte Teil von ihnen schon durch den Kauf der Ausrüstung hoch verschuldet war. Diese Art von Abhängigkeit hatte es zur Zeit der Rekonquista sicherlich nicht gegeben; in den neueroberten Gebieten Lateinamerikas behandelten selbst die Feldscher die Verwundeten auf Kredit, und das zu stetig steigenden Preisen[34].

Die sehnlichsten Wünsche der Konquistadoren waren deshalb mit Besitz verbunden; die Schulden loszuwerden, ein Vermögen zu erwerben, ein hohes Sozialprestige. Was zählte, war allein der Umfang des Besitzes und nicht die Art, wie er erworben wurde. Deshalb erschien ihnen der Einsatz aller zur Verfügung stehenden Mittel auf dem Weg zum Reichtum gerechtfertigt. Daß ihre hauptsächlichen Widersacher in dem Kampf um Beute — die Indios — sowohl auf Grund ihrer Rasse, wie auch ihrer Religion als minderwertig angesehen wurden, enthob sie zudem vieler Skrupel.

Christliche Herkunft als Ehre

Seit dem Beginn der Rekonquista nahm die Religion einen zentralen Platz in den Rechtfertigungsstrategien spanischer Hegemonialbestrebungen ein. Ungeachtet des sicherlich auch vorhandenen missionarischen Eifers war der christliche Glaube immer auch ein Instrument zur Rechtfertigung von Herrschaft.

Im Namen des Christentums wurden große Bevölkerungsteile vertrieben, unterjocht und diskriminiert und anderen wiederum Privilegien und Ansehen zugestanden. Das entscheidende Kriterium dabei war natürlich die Zugehörigkeit zum katholischen Glauben, aber auch innerhalb dessen gab es krasse Differenzierungen.

Die „limpieza de sangre" — die Reinheit des Blutes entschied, wer als Christ und wer als besserer Christ gelten konnte, wer auf Grund der Religion seiner Vorfahren Nachteile in Kauf nehmen mußte und wer wegen seiner „rein christlichen Abstammung" Vorteile beanspruchen konnte.

In Spanien, wo jahrhundertelang Menschen der verschiedenen Glaubensrichtungen in engem Kontakt gelebt hatten, war die Abstammung von einer „unvermischten" christlichen Familie eine Besonderheit. Als ab dem 15. Jahrhundert die Inquisition zu wirken begann, und Juden und Mauren zunehmend unter Verfolgung zu leiden hatten, nahm auch die Bedeutung der „limpieza" zu, ein neuer Aspekt der Ehrvorstellungen kam zum Tragen. Unabhängig von ihrem Stand, Vermögen oder ihrer Tätigkeit, konnten alle „Altchristen" einen besonderen Status für sich beanspruchen.

Es braucht nicht zu verwundern, daß die Einstellung des Geburtsadels zur „limpieza de sangre“ zwiespältig war. Einerseits bot sich damit ein einfaches Mittel, um Juden und Conversos (Konvertierte) in Spanien und in der Folge auch in Lateinamerika aus ihren einflußreichen Positionen zu verdrängen. Ende des 16. Jahrhunderts beklagte ein Franziskaner — stellvertretend für viele — die daraus entstandenen Mißstände:

Wir kamen nach Spanien, um die Doktrin aus der Welt zu schaffen, ein Gotteslästerer, ein Dieb, ein Straßenräuber oder ein Ehebrecher zu sein, ein Sakrileg begangen zu haben oder sich irgendeines anderen Vergehens schuldig gemacht zu haben, sei immer noch besser, als jüdischer Abstammung zu sein. Unsere Vorfahren bekannten sich schon vor zwei oder drei Jahrhunderten zum Christentum. Aber eine intolerable Intoleranz (sic) besteht weiterhin. Zum Beispiel: zwei Kandidaten bewerben sich um eine Professur, ein Prälatenamt oder um sonst ein Amt. Einer ist sehr begabt und stammt aus einer Familie, die einmal jüdisch war, aber vor Jahrhunderten zum Christentum überwechselte. Der andere ist Analphabet und unbegabt, aber, aus dem einfachen Grund, daß er ein „alter Christ“ ist, wird er dem anderen vorgezogen.[35]

Andererseits wurde gerade durch dieses Konzept auch der Adel angegriffen, da besonders in dieser Schicht eine „reine“ Abstammung sehr unwahrscheinlich war und zudem beim Adel die Ahnen noch am ehesten nachgewiesen werden konnten.

In der literarischen Figur des „ehrenhaften Bauern“ fand dieses Ehrkonzept seinen besonderen Ausdruck. Vor allem im Goldenen Zeitalter wurde im Drama und in der Belletristik immer wieder die Ebenbürtigkeit von altchristlichen Bauern und Adeligen hervorgehoben. So sagt Sancho Pansa im Don Quijote:

Wiewohl ein armer Mann, bin ich als Christ von altem Blut und niemandem nichts schuldig.[36]

Das Mädchen Dorothea nimmt sich das Recht, die Werbung eines Adeligen abzulehnen, indem sie sich auf den „Adel“ ihrer Eltern beruft.

Mit einem Wort, sie sind Landleute, schlichte Menschen, deren Geschlecht sich nie mit einem übelberufenen Stamm vermischt hat, alte Christen, so uralt, daß sie, wie man zu sagen pflegt, modrig geworden sind, so uralte, daß ihr Reichtum und ihre vornehme Lebensweise ihnen allmählich den Rang von Junkern, ja von Rittern erwirbt.[37]

Daß sich der Bauer in der Welt außerhalb von Literatur und Drama durch die „limpieza de sangre" auf eine Stufe mit Adeligen stellen konnte, dürfte allerdings kaum der Fall gewesen sein.[38] Trotzdem sollte der Einfluß der „limpieza de sangre" nicht unterschätzt werden; ein beträchtlicher Teil der spanischen Bevölkerung sah darin die Basis ihrer Ehre und in gewissem Sinne auch die Überlegenheit Spaniens.

Mit der Eroberung Granadas schwand allmählich der anfängliche Respekt vor anderen Kulturen. Die Spanier verachteten die Italiener, weil sie Juden in ihrem Land akzeptierten, und die Franzosen wegen der dort ansässigen Protestanten.[39] Der einsetzende Konquest übertrug diese Ideologie der Überlegenheit „durch wahren Glauben" auf die neueroberten Länder. Das anfängliche Staunen und die Bewunderung der Konquistadoren über die Leistungen der neu entdeckten Kulturen bezog sich kaum auf die Menschen, die diese Leistungen vollbracht hatten. Der Spanier fühlte sich als „weißer Mann" und als „Christ" den Bewohnern der eroberten Länder weit überlegen.

Es ist anzunehmen, daß die „limpieza de sangre" in der Phase der Konquista kein entscheidendes Kriterium für den Wert einer Person war. Mit der allmählichen Konsolidierung der spanischen Herrschaft wurde die Reinheit des Blutes aber auch in den Kolonien zu einem Argument in dem Kampf um Posten und Pfründe unter den Spaniern, Kreolen und Mestizen. Zudem lieferte sie anfänglich eine weitere Rechtfertigung des Anspruches der Spanier auf die absolute Herrschaft, da durch die „limpieza de sangre" auch getaufte Indios zu Christen zweiter Klasse gemacht wurden.

Die Jahre der Kämpfe und der sukzessiven Eroberung riesiger Gebiete waren noch nicht der Rahmen, in dem differenzierte theologische Betrachtungen über die Hierarchien der „Christenmenschen" Platz gefunden hätten. Hier teilten sich die Meinungen vielmehr über der grundsätzlichen Frage, ob die Indios als vollwertige Menschen gelten könnten oder nicht.

Obwohl im Laufe der Konquista sich eine Gegenmeinung zu der den Indios Gleichwertigkeit oder sogar Menschlichkeit absprechenden Ansicht bildete — zu deren bedeutendsten Vertretern Las Casas gehörte —, kann es doch als sicher gelten, daß die Schriften von Francisco de Vitoria — Theologe, Jurist und Professor an der Universität von Salamanca — und des Dominikaners Thomas Ortiz, die Ansicht vieler an der Konquista Beteiligten zum Ausdruck bringen.

Es scheint, daß für diese Barbaren dasselbe gilt wie für die Schwachsinnigen, denn sie können sich selbst nicht oder kaum besser regieren als einfältige Idioten. Sie sind nicht einmal besser als Vieh und wilde Tiere, denn sie nehmen weder feinere noch bessere Nahrung als diese zu sich.[40]
Auf dem Festland essen sie Menschenfleisch. Sie sind mehr als irgendein anderes Volk unzüchtig. Gerechtigkeit gibt es bei ihnen nicht. Sie gehen ganz nackt, haben keine Achtung vor wahrer Liebe und Jungfräulichkeit und sind dumm und leichtfertig ... Sie sind gewalttätig und verschlimmern dadurch noch ihre angeborenen Fehler. Bei ihnen gibt es keinen Gehorsam, keine Zuvorkommenheit der Jungen gegenüber den Alten, der Söhne gegenüber den Vätern. Lehren wollen sie nicht annehmen. Bestrafungen nützen bei ihnen nichts ... Einen Bart tragen sie nicht und wenn ihnen Barthaare wachsen, reißen oder zupfen sie sie aus ... Ein je höheres Alter diese Menschen erreichen, desto böser werden sie. Wenn sie zehn oder zwölf Jahre alt sind, glaubt man noch, sie besäßen einige Höflichkeit und etwas Tugend, aber später entarten sie wahrhaft zu rohen Tieren.[41]

Daß sich Soldaten gegenüber einem Gegner, der so eingestuft wurde, keinerlei moralischen Zwang antaten, ist angesichts solcher Äußerungen nicht schwer zu verstehen. Zur Erklärung der Grausamkeiten der Spanier, welche von allen ideologischen Lagern bestätigt werden, reicht aber die Gier nach Reichtümern und die Ideologie der Entmenschlichung der Indios nicht aus.

Die Lust der Eroberer an der Grausamkeit

Berichte über das Verhalten von Männern in Kriegen illustrieren immer wieder „unglaubliche“ Grausamkeiten.

Unglaublich erscheinen sie uns, weil sich die Phantasie des „friedlichen" Lesers, Zuhörers oder Zusehers weigert, die zugänglichen Informationen mit seinem Menschenbild zu verbinden. Wir staunen über die Exzesse von Destruktivität und Grausamkeit und verdrängen dabei, daß diese nicht Taten von „Unmenschen" in einem „unmenschlichen" Konflikt sind, sondern daß sie vielmehr typisch sind für das Verhalten von Menschen in Kriegen. Hier gibt es keinen Unterschied zwischen Angriffs- oder Verteidigungskriegen, Revolutionen oder Bürgerkriegen, Kreuzzügen im Namen eines wahren Glaubens, Vergeltungs- oder Präventivaktionen, „gerechten" oder „vermeidbaren" Kriegen.

Zwischen besonders grausamen und etwas „humaneren" Arten, Krieg zu führen zu unterscheiden, ist zynisch. Zudem ist Grausamkeit, wie alle menschlichen Ausdrucksformen, keine historische Konstante. Selbst die Frage, ob oder wie sehr das Empfinden von körperlichem Schmerz kulturspezifisch gebunden ist, kann nicht befriedigend beantwortet werden, und dies trifft um so mehr auf die Bewertung von Verhaltensweisen zu.

Die Einschätzung, ob ein Krieg von besonders ausschweifenden Formen von Aggression und Destruktivität geprägt ist, muß deshalb in erster Linie anhand der überlieferten Beurteilungen von Zeitgenossen erfolgen.

Über die Eroberungszüge der Spanier in Lateinamerika liegen zahlreiche Berichte von Teilnehmern und später verfaßte Schilderungen vor. Mehrheitlich weisen sie auf eine „aus dem Rahmen fallende" Grausamkeit der Konquistadoren gegenüber den Indios hin. Selbst den Beobachtern dieser Zeit erschien die Brutalität der Spanier oft unglaublich; von den darüber vorliegenden zahlreichen Quellen möchte ich nur drei anführen, welche sich in dem Ausmaß der beschriebenen Exzesse nicht signifikant von vielen anderen unterscheiden:

Einige Christen sahen unterwegs eine Indianerin, die ein Kind in den Armen hielt und es gerade stillte, und weil einer der Hunde, die sie mitführten, Hunger hatte, nahmen sie der Mutter das Kind aus den Armen und warfen es lebendig dem Hund vor, der es dann vor den Augen der Mutter in Stücke riß ... Wenn unter

Abb. 6: Grausamkeiten der Spanier. Illustrationen von Théodore de Bry in Las Casas „Brevíssima Relación“, 1598

Abb. 7: Balboas Kriegsführung mit Bluthunden, aus Felipe Guamam Poma de Ayala: „Nueva corónica y buen gobierno“

ihren Gefangenen Frauen waren, die gerade entbunden hatten, so ergriffen sie die Kinder, sobald sie nur weinten, an den Beinen und schmetterten sie an die Felsen oder warfen sie ins Gestrüpp, damit sie dort sterben sollten.[42]

Las Casas schilderte, wie eine spanische Expedition, die er als Feldgeistlicher begleitete, zufällig in einem Bachbett Schleifsteine fand, ihre Schwerter damit schärfte und dann auf die Idee kam, diese auch auszuprobieren:

Plötzlich zieht einer der Spanier, der offenbar vom Teufel besessen war, sein Schwert, und die hundert anderen tun es ihm sogleich nach und machen sich daran, jene Schafe und Lämmer, Frauen und Männer, Kinder und Alte, die ahnungslos dasaßen und starr vor Staunen die Pferde und die Spanier betrachteten, niederzustechen, ihnen die Bäuche aufzuschlitzen und sie umzubringen, so daß im Handumdrehen von allen, die sich dort befanden, keiner mehr am Leben war. Dann drangen sie in das große Haus ein, das sich ganz in der Nähe befand, denn vor seiner Tür spielte sich alles ab, und begannen, alle, die sich darin befanden, mit Hieben und Stichen niederzumachen, so daß das Blut in Strömen floß, als hätten sie viele Kühe getötet.[43]

Auch Zeitzeugen, die den Indianern nicht gerade freundlich gesinnt waren, wie etwa der Bischof von Yucatan, berichteten ähnliches:

Und dieser Diego de Landa sagt, er habe in der Nähe des Dorfes einen großen Baum gesehen, an dessen Ästen ein Hauptmann viele Indianerfrauen erhängte, und an ihren Füßen ihre eigenen Kinder ... Sie begingen unerhörte Grausamkeiten, indem sie ihnen Nasen, Arme und Beine abschnitten und den Frauen die Brüste, und dann warfen sie sie mit an den Füßen befestigten Kalabassen in tiefe Seen; auf die Kinder stachen sie mit den Schwertern ein, weil sie nicht so schnell gingen wie ihre Mütter, und wenn unter denjenigen, die sie an Halseisen zusammengekettet vor sich hertrieben, einige krank wurden oder nicht so schnell gingen wie die anderen, schlugen sie ihnen den Kopf ab, damit sie nicht anhalten mußten, um sie loszumachen.[44]

All diese Geschehnisse, das „sinnlose“, spontane Morden, die Gewaltakte gegenüber Frauen und Kindern, nur mit der Gier nach Geld zu erklären, reicht nicht aus. Die Konquistadoren müssen einen unmittelbaren Genuß an der Grausamkeit verspürt haben, an der Bestätigung der eigenen Überlegenheit durch das Quälen anderer und an ihrer Macht über Leben und Tod. In diesem Sinne war ihre Mentalität noch „mittelalterlich"; ihre Einstellung zu Krieg, Kampf und Grausamkeit ebenso, wie die Unkontrolliertheit ihrer Affekte.[45] Vieles von dem, was Norbert Elias in seinem Buch „Über den Prozeß der Zivilisation" als typisch für die mittelalterliche Kriegergesellschaft ansieht, charakterisiert auch die Mentalität der Konquistadoren.

Im übrigen spielen ihre Affekte in allen Schrecken und Freuden des Lebens ziemlich unabhängig und ungedämpft.[46]
Da ist das Mißtrauen gegenüber den Frauen, die im wesentlichen Objekt der sinnlichen Befriedigung sind, die Freude an Plünderung und Vergewaltigung, das Verlangen, niemanden als Herren über sich anzuerkennen, die Unterwürfigkeit der Bauern, von denen man lebt, und dahinter die mit der Waffe, durch physische Gewalt nicht faßbaren Zwänge: Die Verschuldung, die Enge und Armseligkeit des Lebens in scharfem Kontrast zu der Größe des Anspruchs — und das Mißtrauen gegenüber dem Geld bei den Herren wie bei den Bauern.[47]
Nur dann Lust am Leben, am Essen, Trinken und Schlafen haben, wenn man das Kriegsgetümmel vor Augen hat: die Toten mit den aufgerissenen Flanken und die todbringenden Lanzen, die wiehernden Pferde, die ihren Herrn verloren haben, die Schreie „Vorwärts!" und die Hilfeschreie der Unterliegenden, das gibt selbst im literarischen Niederschlag noch einen Eindruck von der Ursprünglichkeit der Wildheit des Gefühls.[48]
Es mag etwa in einer solchen Gesellschaft eine relativ extreme Selbstbeherrschung im Ertragen von Schmerzen gezüchtet werden; aber sie wird ihr Komplement finden in etwas, das, gemessen an jenem anderen Standard, als extremer Freilauf der Affekte im Quälen anderer erscheint.[49]

In Spanien war die Zeit dieser Verhaltensformen weitgehend abgelaufen; Gewalt wurde vermehrt vom Staat ausgeübt, Affekte begann man stärker zu kontrollieren, und jene Schicht, welche sich zu benehmen wußte, blickte mit Verachtung auf die anachronistischen Krieger herab.

Diejenigen Männer, die aus verschiedenen Gründen sich diesem Wechsel nicht anpassen konnten, fühlten sich von der Gesellschaft nicht entsprechend geschätzt, und dadurch auch in ihrem Selbstwertgefühl bzw. in ihrer Männlichkeit angegriffen. In der „Neuen Welt", wo diese gesellschaftlichen Formen noch weitgehend absent waren, bot sich ihnen eine Möglichkeit zu „leben". Hier konnten ihre aufgestauten Affekte und Frustrationen unmittelbar und ungedämpft hervorbrechen. In diesem Sinne trifft ein Teil der Charakterisierung der Konquistadoren durch einen so eurozentristischen Historiker wie Salvador de Madariaga zu, wenn er schreibt:

Sie liebten die Entfernung von jeder Autorität, je weiter, desto besser. Daher lebten sie in Indien wie der Fisch im frischen Wasser.[50]
Aber gerade dieser Ausbruch von Unordnung und Anarchie während der ersten Jahre war nichts als die Explosion von Kräften, die von den Normen und Wertmaßstäben der Zivilisation in Schranken gehalten worden waren, sich aber nun am Rande der geordneten Welt befreit sahen.[51]

Nur hatte dieses Verhalten nichts Verehrenswertes oder Heldenhaftes an sich; es waren die Verzweiflungstaten von Männern, welche keine Balance zwischen ihrem Selbstwertgefühl und ihren Ansprüchen finden konnten; das Produkt einer tiefen Unsicherheit über die eigene Lebensfähigkeit, welche die Konfrontation mit dem Tod, dem eigenen und dem der anderen, brauchte, um sich lebendig zu fühlen.

Der Konquistador und seine Beziehung zu Frauen

Zweifelsohne waren die Motivationen, welche einen Teil der europäischen Männer dazu bewegten, die unkalkulierbaren Risiken der Konquista auf sich zu nehmen, vielfältig und oft sehr unterschiedlich. Trotzdem glaube ich, daß zumindest einige Beweggründe dem allergrößten Teil von ihnen gemein waren.

Das Streben nach Reichtümern, Macht und Ansehen ist augenscheinlich und dominierend; weniger offensichtlich und schwerer einzuschätzen, aber sicherlich nicht unbedeutend, war die dem Konquistador eigene Beziehung zur spanischen Gesellschaft im allgemeinen und zu den Frauen im speziellen. Der Satz von Magnus Mörner: „In gewisser Hinsicht war die Eroberung Lateinamerikas eine Eroberung von Frauen"[52] darf nicht nur in bezug auf die konkreten Verhaltensweisen der Konquistadoren gegen-

Abb. 8: Theodor Galle, Die Landung Amerigo Vespuccis in Amerika: Kupferstich nach Johannes Stradanus (1534—1616)

über den Frauen des neuen Kontinents interpretiert werden, sondern ist auch symbolisch zu verstehen.

Frauen zu erobern, war, neben der Gier nach Beute, eine permanent vorhandene Obsession der Konquistadoren.[53] Diese Präferenz ausschließlich mit sexuellen Motiven zu erklären, trifft allerdings nicht zu. Nur ein relativ unbedeutender Anteil der Indianerinnen war ausschließlich „India de la cama" (cama = Bett), sondern auch „India de labor" (labor = Arbeit). Frauen zählten zu den bedeutendsten Produktivkräften der Neuen Welt und stellten somit einen wertvollen Besitz dar; dazu kam noch, daß sie als weniger bedrohlich als Männer angesehen wurden.[54] Die Beziehung der Spanier zu den indianischen Frauen unterschied sich sicherlich nicht sehr von jener der Azteken gegenüber den Frauen der von ihnen unterworfenen Stämme; verbunden mit den anderen Auswirkungen der Konquista, waren die Folgen aber gravierender.

Bernal de Díaz schreibt in seinem Bericht von der Konquista Mexikos, daß die Spanier oftmals nach der erfolgreichen Eroberung einer Stadt sich weniger in Grausamkeiten gegen die Unterlegenen ergingen, da sie mehr damit beschäftigt waren, Beute zu machen und Frauen zu suchen.[55] Wie fragwürdig die Bewertung von mehr oder weniger grausam auch erscheinen mag: das unverhüllte Verlangen der Konquistadoren ist offensichtlich. Des öfteren führte dies auch zu erheblichen Spannungen unter ihnen, da die Offiziere die hübschesten Frauen für sich selbst beanspruchten.[56]

Den bedeutenderen Spaniern wurden auch häufig von den Indianern Frauen als Geschenk angeboten, nicht zuletzt, um sie als Alliierte zu gewinnen.[57] Diese Frauen lebten, ebenso wie die Frauen der bereits unterworfenen Gebiete, in völliger Abhängigkeit von ihren spanischen „Besitzern" bzw. Encomenderos (Grundherren, denen die Indios als Arbeitskräfte anvertraut worden waren). In den noch umkämpften Zonen gehörten Vergewaltigungen zum Alltag des Krieges. Die augenscheinliche sexuelle Gewalttätigkeit der Spanier nur dadurch zu erklären, daß es vor allem bei Kriegen zwischen verschiedenen Kulturen häufiger zu Vergewaltigungen kommt, da in diesem Fall keine ethnischen Normen als Regulative wirken, greift als Erklärung zu kurz.[58]

Die Männer vergewaltigen nicht nur, um ihre sexuellen Wünsche zu befriedigen. Mit der Erniedrigung der Frauen bestätigten die Spanier sich selbst ihre vermeintliche Überlegenheit und führten sämtlichen Indios — Männer wie Frauen — ihre Niederlage und Schwäche vor Augen. In diesem Sinne müssen Zitate wie das folgende aus einem Bericht eines Dominikaners an einen Minister Karls I. interpretiert werden.

Jeder Minenverwalter hatte es sich zur Gewohnheit gemacht, mit jeder Indianerin, die ihm unterstand und seinen Gefallen fand, zu schlafen, gleichgültig ob sie verheiratet oder noch ein Mädchen war; während er mit ihr in ihrer Hütte blieb, schickte er den bedauernswerten Ehemann zum Goldschürfen in die Minen, und wenn dieser abends mit dem Gold zurückkehrte, prügelte er ihn und peitschte ihn aus, weil er nicht genug gebracht hatte, und oft kam es vor, daß er ihm wie einem Hund Hände und Füße zusammenband und ihn unter das Bett warf, auf dem er selbst sich mit seiner Frau niederlegte.[59]

Wie einfach war es für die europäischen Männer, sich ihren Wert als Mann und ihre Überlegenheit und Unabhängigkeit gegenüber Frauen und anderen Männern durch diese Formen gewaltsamer Sexualität zu bestätigen. Die wenigen staatlichen Restriktionen dagegen erschöpften sich meistens in der Auflage, daß die indianischen Frauen vor dem Geschlechtsverkehr getauft werden sollten.[60]

Sich seiner sexuellen Erfolge öffentlich zu brüsten, war — auch wenn Gewalt die Basis dieses Erfolges war — üblich und legitim. In diesem Sinne stellt das folgende Zitat eines Adeligen aus Sanova, in welchem er eine seiner „Episoden" mit einer indianischen Frau beschreibt, keine Ausnahme dar.

Bei meiner Ausfahrt im Boot fing ich eine sehr schöne Karibenfrau, die mir der besagte Herr Admiral schenkte, und nachdem ich sie in meine Kajüte mitgenommen hatte, und da sie gemäß ihrem Brauch nackt war, ergriff mich das Begehren, der Lust zu frönen. Ich wollte mein Begehren in die Tat umsetzen, aber sie wollte es nicht und traktierte mich derart mit ihren Fingernägeln, daß es mir lieber gewesen wäre, nie damit angefangen zu haben. Doch als ich dies sah (um dir alles bis zum Ende zu erzählen), nahm ich ein Tau und bleute sie kräftig durch, worauf sie ein so ungeheures Geheul anstimmte, daß du deinen Ohren nicht getraut hättest. Schließlich kamen wir dann zu solchem Einvernehmen, daß ich dir sagen kann, man hatte den Eindruck, sie sei in einer Hurenschule aufgezogen worden.[61]

Es spricht für sich, wie genußvoll der Autor das Brechen des Widerstandes der Frau schildert, und wie er sich — und dem Adressanten seines Briefes — bestätigt, daß eigentlich alle Frauen Huren sind, daß der Widerstand eigentlich nur gespielt ist und daß sie — und damit auch alle Indianer — es „nicht anders wollen".

Neben der Vielzahl von Quellen, welche alle in ähnlicher Form den Rassismus und Sexismus der Spanier zum Ausdruck bringen, darf allerdings nicht ignoriert werden, daß zweifelsohne auch ein Teil der Frauen freiwillig Verhältnisse mit den Spaniern eingingen. Dieser Aspekt der Konquista ist allem Anschein nach besonders gefährdet, durch sexistische Vormeinungen verfremdet zu werden. Die Hingabe der Indianerinnen als freiwillig anzusehen, entsprach keineswegs nur dem Denken der affektvollen Spanier des 16. Jahrhunderts, sondern auch den männlichen Phantasien vieler sachlicher Historiker der Gegenwart, wie in dem folgenden Zitat von Richard Konetzke — dem Verfasser der Fischer Weltgeschichte zu Süd- und Mittelamerika „Die Indianerkulturen Altamerikas und die spanisch-portugiesische Kolonialherrschaft“ deutlich zum Ausdruck kommt.

Häufig bedurfte es für den Sexualverkehr nicht der Gewalt und Verführung des weißen Mannes. Die Indianerinnen kamen den Wünschen der Europäer entgegen und gaben sich ihnen willig und wollüstig hin. Sie bevorzugten die fremden Eindringlinge, deren Stärke und Überlegenheit auf sie Eindruck machte, vor den Männern ihrer eigenen Rasse.[62]

Die Indianerinnen waren aber laut Konetzke nicht nur „willig und wollüstig“ sondern bewiesen auch weibliche Tugenden:

Indianerinnen bewiesen ihren weißen Herren und Liebhabern eine große Anhänglichkeit und Treue. Selbst geraubte Indianerinnen zogen es vor, bei den spanischen Soldaten zu bleiben, anstatt zu ihren Angehörigen zurückzukehren, die sie suchten.[63]

Ich zitiere diese Auffassungen — die keineswegs völlig aus dem Rahmen männlicher Geschichtsschreibung fallen — in dieser Länge, da hier besonders deutlich wird, wie sexistische und eurozentristische Vorurteile stereotype Bilder transportieren.

Wie sehr die indianischen Frauen freiwillig Beziehungen mit den Spaniern eingingen, ob dies eine Reaktion auf die Repression der indianischen Männer war oder ob die neuen Machtverhältnisse und die aufgelösten indianischen Gesellschaftsstrukturen dafür entscheidend waren, ist schwer zu beurteilen.

Sicher ist hingegen, daß die Beziehung zwischen Mann und Frau während und in der ersten Zeit nach der Konquista völlig von Gewalt und Macht bestimmt wurde. Gegenüber dem Konquistador waren die indianischen Frauen in zweierlei Hinsicht diskriminiert: als Geschlecht, wie auch als „minderwertige“ Rasse. Trotzdem kann man annehmen, daß es den Frauen leichter fiel, mit den völlig veränderten Bedingungen nach der Konquista zurecht zu kommen. Sie nahmen aktiver am Leben der frühen Kolonialzeit teil und fanden dafür auch vielfältigere Möglicheiten vor, da die Spanier Frauen auch als Dienstpersonal und im Kleinhandel bevorzugten.[64]

Die Männer wurden hingegen, nicht zuletzt darum, weil die Spanier sie als gefährlicher einschätzten, nach Möglichkeit aus dem öffentlichen Leben verdrängt. Ihre Niederlage ließ den Zusammenbruch ihres Selbstbildes kaum vermeidbar werden. Sie verloren nicht nur ihre Macht, sondern stürzten von ihrer Position als herrschende Gruppe in die der tiefsten Ohnmacht.

Der Konquistador als Symbol und Vorbild für Männlichkeit

Die Konquista bedeutete somit nicht nur einen radikalen Wechsel des sozialen und wirtschaftlichen Gefüges der Gesellschaft, sondern veränderte auch die traditionellen Formen geschlechtstypischen Verhaltens.

Diese Änderung manifestierte sich nicht nicht etwa darin, daß jetzt Männlichkeit mit Aggressivität und Aktivität gleichgesetzt wurde; dies war bei den dominierenden Indiokulturen auch der Fall gewesen — und sehr wahrscheinlich noch wesentlich krasser als bei den Spaniern:

> Der mannhafte Kerl (der aztekische Krieger, d. A.) ist groß von Gestalt, von kräftigem Wuchs, (oder) er ist ganz klein; er ist dick oder er ist schlank ... Auf jeden Fall ist er zuverlässig, auf jeden Fall würdig, in Dienst gestellt zu werden. Hier paßt gut auf den Mann (die Bezeichnung des) Adlers oder Jaguars, des zupakkenden mit dem starken Herzen ... Er stößt (den Feind) zurück und züchtigt ihn; männlich erhebt er sich, strengt sich aufs äußerste an und bleibt hartnäckig. Der tapfere Kriegsmann: ... macht (die Dörfer) dem Erdboden gleich, vertreibt die Einwohner, auf Sachen und Menschen macht er Jagd, rafft alles auf, fegt die Menschen wie mit dem Besen zusammen, und rühmt und freut sich dessen.[65]

Bei den Azteken und ihren Nachbarvölkern wurde der Krieg als Notwendigkeit zur Erhaltung der Welt angesehen; dies hob ihn über den Bereich profaner Beweggründe hinaus. Zentraler Inhalt der aztekischen Religion war es, den zweifelhaften Fortbestand der Welt zu gewährleisten, und dies konnte nur durch die genaue Befolgung der Riten und durch die Opferung von gefangenen

Feinden erreicht werden. Der von Sahagun aufgezeichnete Schöpfungsmythos der Azteken illustriert diesen entscheidenen Aspekt ihrer Religion. Nachdem die Götter die Erde geschaffen hatten, kamen sie zusammen und sagten zueinander, daß, weil die Erde kein Licht habe, im Dunkeln stünde und zur Beleuchtung nur Feuer da sei, sie eine Sonne machen wollten, damit diese die Erde erhelle. Sie würden Herzen und Blut brauchen, und aus diesem Grunde würden sie, die Götter, auch den Krieg schaffen, wo Herzen und Blut zu haben seien.[66]

Von der Geburt an wurden die Jungen darauf vorbereitet, diesem Gebot der Götter entsprechen zu können; die rituelle Ansprache, mit der die Geburt eines Sohnes begrüßt wurde, macht dies deutlich:

> Geliebter Sohn . . . wisse, daß dein Haus nicht dein Geburtshaus ist, denn du bist ein Krieger, du bist ein Quecholli-Vogel, und das Haus, in dem du zur Welt kamst, ist bloß ein Nest . . . Du bist dazu bestimmt, die Sonne mit dem Blut deiner Feinde zu laben, und die Erde Tlatecuhtli mit ihrem Leib zu nähren. Dein Land, dein Erbe und dein Vater sind im Haus der Sonne, im Himmel.[67]

Im Stellenwert, den Krieg und Kampf in der vorgeschriebenen männlichen Rolle einnahmen, unterscheiden sich die Azteken also nicht von den spanischen Konquistadoren. Die Betonung der Individualität und die auf Rassismus basierende Wertigkeit von „männlich“ und „weiblich“, die durch die Spanier um sich griff, brachte hingegen eine neue Dimension in die Vorstellung von Männlichkeit. Diese neuen Einflüsse haben seit der frühen Kolonialzeit das Rollenverhalten mexikanischer Männer entscheidend geprägt.

Um den Einfluß des veränderten Männlichkeitsbildes richtig einschätzen zu können, muß man sich vor Augen halten, daß die Konquista nicht einfach die Niederlage einer Bevölkerungsgruppe gegenüber einer anderen war: Sie bedeutete — zumindest in der ersten Phase — die bedingungslose Unterwerfung eines ganzen Kulturraumes unter eine Minderheit von Männern. Dieser spezielle Typus von Mann, welcher auch für das Spanien dieser Zeit keineswegs als typisch gelten konnte, wurde in Lateinamerika rasch zum Ideal. Er repräsentierte die Macht, welche sich in allen Bereichen als überlegen erwiesen hatte. In seiner Charakterisierung der Konquistadoren schreibt Charles Gibbson:

Der Spanier zeigt sich als ein Mann mit heldenhaften Eigenschaften, der in die Tiefen der Unmenschlichkeit hinabsteigt. Heroisch, brutal, unermüdlich, wild, mutig und gemein. Der spanische Charakter wechselt zwischen Extremen und lebt die „Koexistenz von Gegensätzlichkeiten", wofür er ja berühmt und gefeiert ist . . In der Konquista demonstrierten die Spanier eine fast übermenschliche Entschlossenheit, Hindernisse zu überwinden und äußerste Gleichgültigkeit gegenüber Schwierigkeiten. Der spanische Fatalismus, das Besessensein vom Tod und der Spott gegenüber dem Leben kehren in den unterschiedlichsten Lebensbedingungen wieder.[68]

Das traumatische Erlebnis der völligen Niederlage gegenüber diesen Männern — die „Vergewaltigung der indianischen Kultur" — führte sowohl bei den Spaniern als auch bei den Indios und in der Folge bei den Mestizen dazu, daß Vorurteile über geschlechtsspezifisches Verhalten und die Wertigkeiten der Geschlechter nun auch auf die Rassen projeziert wurden.

Selbst jene Spanier, wie z. B. Las Casas, welche den Indios gegenüber wohlmeinend eingestellt waren, brachten indianische Frauen und Männer, ja selbst das Land als Ganzes, allegorisch mit „weiblich" in Verbindung.

Hier kommen zwei — patriarchalische Kulturen kennzeichnende — Faktoren zur Wirkung. Ein unterlegener Gegner rückt tendenziell in die Nähe des „Weiblichen" bzw. wird „verweiblicht", unabhängig davon, ob es sich um die Konfrontation zwischen Individuen oder politischen Systemen handelt. Die Formen von Männlichkeit in männerdominierten Kulturen erstrecken sich über ein Spektrum von „sehr männlicher Mann" bis zu einem Mann, der „wie eine Frau ist"; polare Bilder, wie sie für Frauen gelten, sind darin nicht enthalten.[69]

Diese „Verweiblichung" der ansässigen Kultur wurde noch verstärkt durch die assoziative Verbindung, welche an Männlichkeit orientierte Gesellschaften zwischen Natur und Weiblichkeit herstellen. In der Neuen Welt war die Natur besonders fremd, unbekannt, nicht einzuordnen und bedrohlich. Sich dieser Welt auszusetzen, und noch vielmehr sie zu erobern, war ein ungeheures Wagnis, das den Spaniern aber, nicht zuletzt durch ihr männliches Weltverständnis, möglich schien. Spanisch war der Anspruch auf Herrschaft und Transzendenz über die Natur. Die männlichen Attribute, mit denen sie der Fremdheit begegneten, trugen alle die Qualität der Macht; das Recht auf Herrschaft über das Land und die Menschen, die Kontrolle durch Gesetze, Rechtsansprüche und Besitz, Hierarchie durch Rang, Status und Prestige, rationales Denken, Vernunft: Zivilisation.

Die Herrschaft, die die Spanier ausübten, orientierte sich an diesen Inhalten; ungeachtet der bestehenden Meinungsverschiedenheiten darüber, wie diese umzusetzen seien. 1541 schreibt Las Casas an den spanischen König, daß diese Region „der Gewalt dieser hartherzigen Väter (gemeint sind die Konquistadoren, d. A.) entrissen werden soll, und einem Ehemann übergeben werden soll, welcher sie mit der Angemessenheit behandelt, wie es sich gehört und wie sie es verdient.[70]

Auch er assoziierte „indianisch“ mit „weiblich“, und auch er erwartete sich keine Gleichheit, sondern wünschte sich nur eine moderate Führung durch einen „Ehemann“ anstelle eines grausamen „Vaters“.

Männlich-mächtig zu sein, war spanisch; indianisch war die Unterlegenheit, die Passivität, die Weiblichkeit. Zwischen diesen beiden Polen versuchten die folgenden Generationen der Mestizen, einen Platz zu finden, und ihr krampfhaftes Bestreben, sich von der „minderwertigen Weiblichkeit“ zu distanzieren, führte zur Perpetuierung des Männlichkeitskultes bis zur Gegenwart.

Parallel zu der eben beschriebenen Entwicklung veränderte sich auch die Stellung des einzelnen in der Gesellschaft. Sowohl die Selbst- wie auch die Fremdwahrnehmung des Individuums unterlagen dem Einfluß des gesellschaftlichen Wandels.

Die Azteken sahen den einzelnen nicht so sehr als Individuum, sondern primär als Mitglied einer großen Einheit — der Familie, der Erziehungsinstitutionen oder einer Berufs- bzw. Kriegerorganisation. Der Sinn der Existenz bestand darin, ein — der Gruppe und der ganzen Gesellschaft — entsprechendes Mitglied zu sein, und die allgemeinen Regeln und Vorschriften zu befolgen.

In den mexikanischen „Códices“ werden zwar auch verschiedene Personen und deren Taten erwähnt, sie erscheinen aber nie als individuelle Charaktere, welche sich grundlegend von anderen unterschieden hätten. Individuelle Aktivitäten oder eine persönliche Meinung waren keine von der aztekischen Gesellschaft angestrebten Werte.[71]

In diese reglementierte Ordnung, in der ein jeder seinen festen Platz einnahm, brach der spanische Konquistador mit seinen völlig anderen Selbstverständnis ein. Die Spanier waren „Einzelkämpfer“; Männer, die für sich keinen Platz in der Gesellschaft sahen und in Lateinamerika individuellen Erfolg suchten. Ihr Bestreben war, der neu entstandenen Ordnung in Spanien zu entkommen, und auf sich allein gestellt, ihre soziale Position zu verbessern. Waren die anderen Konquistadoren auch Kampfgefährten, so blieben sie doch auch immer Konkurrenten im Kampf um Beute und gesellschaftliche Stellung. In diesem Punkt hat sich im Selbstverständnis der mexikanischen Männer seit der Zeit der Konquista nichts grundlegend geändert. In der folgenden Stilisierung des „typischen Machos“ läßt auch Octavio Paz die Grenzen zwischen diesem und den Konquistadoren verschwimmen:

> Er ist die Gewalt, die durch ihre eigene Macht isoliert, und ohne Beziehung oder Verpflichtung gegenüber der Umwelt ist. Er ist die vollkommene Abgeschlossenheit, die Einsamkeit, die sich selbst und alles, was sie berührt, verzehrt . . .
> Er ist der „Fremde“ schlechthin . . .[72]

Der spanische Eroberer ist das Vorbild — natürlich nicht das einzige, aber doch eines der wichtigsten, wenn nicht das einflußreichste überhaupt — welchem der mexikanische Mann zu entsprechen versucht. Er ist die Verkörperung von Überlegenheit und Männlichkeit, welche die Einsamkeit sucht und schafft, um das Bild von sich selbst zu wahren.

Auch im Mexiko des 20. Jahrhunderts ist ein „richtiger Mann“ der „Fremde schlechthin“, aber es ist nicht mehr die Macht, die ihn isoliert, sondern ihr Gegenteil. Das nagende Gefühl ihrer Ohnmacht erzwingt die Abgeschlossenheit der Männer, die nie völlig zu verdrängenden Zweifel über die Undurchdringlichkeit ihrer Maske verlangen die Distanz, und die Maßlosigkeit des Anspruchs erdrückt jeden Versuch, ihm zu entsprechen.

Ungeachtet vieler indianischer Einflüsse, welche sich bis heute in der mexikanischen Gesellschaft erhalten haben, war die Konquista ein Ereignis, das in jeder Beziehung neue Formen des sozialen und kulturellen Lebens mit sich brachte. Eine neue Religion, ein neues Zeitgefühl und andere ökonomische Verhältnisse veränderten grundlegend die Gesellschaft; dies schon zwangsläufig durch die furchtbare Dezimierung der Bevölkerung durch Seuchen, schlechte Behandlung und physische und psychische Überbelastung. Im Zuge dieser Umwälzungen änderte sich auch das bis dahin herrschende Bild von „Männlichkeit". In diesem Sinne war ihre Bedeutung eine zweifache: Sie wirkten als Vorbild, dem, mit leicht veränderten Inhalten, Generationen von Mexikanern nacheifern sollten, und sie schufen gleichzeitig die Voraussetzung dafür, daß dieses Vorbild eine solche Bedeutung erlangen konnte.

DIE MESTIZAJE

Zum Zusammenhang zwischen Rassismus und Machismo

Die Bevölkerungsgeschichte Mexikos ist die Geschichte der Mestizaje, der Vermischung von Europäern mit Indianern. Seit den Anfängen der Konquista ist der relative Anteil der Indios im Abnehmen begriffen, so daß sie heute nur noch 10 % der mexikanischen Bevölkerung ausmachen, während der Rest — von kleinen Minderheiten abgesehen — gemischtrassiger Abstammung ist.

Die Ursache dafür liegt in erster Linie in der bestürzenden Dezimierung der Indiobevölkerung in Folge der Konquista und der europäischen Kolonialisierung. Die Schätzungen von Borah und Cook[1], die umfangreiche demographische Untersuchungen durchgeführt haben, sprechen von einem Rückgang in Neu-Spanien von 25 Millionen im Jahre 1515 auf 1 Million im Jahre 1605.[2]

Abb. 9: Am 13. August 1521 fiel das heldenhaft verteidigte Tlatelolco in die Hände von Hernan Cortéz. Es war weder ein Triumph noch eine Niederlage, es war die schmerzhafte Geburt des Volkes der Mestizen, die das Mexiko von heute sind.
Monument an der „Plaza de los Tres Culturas" in Mexiko-Stadt

Damit verbunden, nahm der Anteil der Mestizen sehr rasch zu. Enrice Florescano nimmt an, daß sie — schon 1810 22 % der Gesamtbevölkerung ausmachten, und somit neben den Indios das zahlenmäßig stärkste Element der Gesellschaft darstellten.[3]

In den Untersuchungen über die Bevölkerungszusammensetzung während der ersten Dekaden nach der Konquista scheinen kaum Daten über die Mestizen auf, da sie von der Kolonialgesellschaft anfänglich nicht als eigene Gruppe wahrgenommen wurden. Noch in der Mitte des 17. Jahrhunderts wurden sie entweder als Spanier oder Indios eingestuft.[4] Einige von ihnen profitierten von dieser nicht-definierten Position, da ihnen damit die Partizipation an den Privilegien der Spanier offenstand. Gegen Ende des 17. Jahrhunderts wurde diese, für die Interessen der herrschenden Schicht zu nebulose Situation geklärt, indem die Mestizen als eigene Gruppe rechtlich definiert wurden. Schon vorher hatten allerdings jene, welchen es nicht gelang, von ihren europäischen Vätern als legitime Nachfahren angenommen zu werden oder sich diesen

Status mit finanziellen Mitteln zu erwerben, unter erheblichen Diskriminierungen zu leiden. 1549 verloren sie das Recht auf Encomienda (von der Krone unter Auflagen verliehenes Gut mit ansässiger Indiobevölkerung), 1570 die Möglichkeit, Kazique (indianisches Wort für Häuptling) zu sein, das Amt des Notars auszuüben und ihren Anspruch auf Betreten der Indiodörfer; 1643 verloren sie die Möglichkeit, in das Heer einzutreten und 1568 wurde ihnen der Zutritt zu religiösen Orden verweigert.[5]

Dieses letztgenannte Verbot wurde zwar wieder aufgehoben, doch die sich ausbreitende Diskriminierung war nicht mehr aufzuhalten. Weiße und Fast-Weiße beharrten auf der Bedeutung der „limpieza de sangre“, um alle anderen Mestizen, Mulatten und Indios — sozial einschränken zu können. Mestizen galten zwar zu allen Zeiten der Kolonialgesellschaft als „gente de razón“ (vernunftbegabte Menschen), doch die Kluft zwischen diesen und den „gente decente“ (ehrbaren Menschen) wurde zunehmend tiefer und war nur mit einem entsprechenden Vermögen zu schließen.[6]

Spanier und Kreolen brachten immer offener ihre Verachtung für die Mestizen zum Ausdruck. Sie stigmatisierten die gemischtrassige Bevölkerung als Nachkommen einer „entwertenden“, illegitimen Beziehung. Es ist bezeichnend, daß im 16. Jahrhundert „mestizo“ und „unehelich“ oftmals synonym verwendet wurden.[7]

Der den Mestizen anhaftende „Makel der Illegitimität“ wurzelte in der Einstellung der Spanier, mit einer indianischen Frau nur ein „freies“ Verhältnis eingehen zu können, obwohl sich Staat und Kirche ausdrücklich dagegen aussprachen.[8]

Vor allem im 16. Jahrhundert war eine Ehe zwischen einem Spanier und einer India höchst ungewöhnlich. Die ersten Kolonisatoren waren zum Teil schon verheiratete Männer, welche ihre Ehefrauen zuhause gelassen hatten; sie waren der Krone verpflichtet, diese möglichst schnell nachzuholen. Die Auswanderungsbehörden trugen auch dafür Sorge, dem heiratswilligen Spanier in der Neuen Welt eine europäische Frau „zukommen zu lassen“; so finden sich bereits in den Jahren 1509—1538 unter den im „Catálogo de Pasajeros a Indias“ verzeichneten Personen

Abb. 10: Guamam Poma. Indianische Frauen waren Freiwild der Eroberer . . .

Abb. 11: Guamam Poma. . . . die Ehe jedoch war den Spaniern heilig, auch versuchter Ehebruch wird hart bestraft

ca. 10 % Frauen — die in der Mehrzahl unverheiratet waren. Für die Jahre 1540—1575 verzeichnen die Passagierlisten sogar schon einen Frauenanteil von 23 %, und man kann annehmen, daß dieser in späterer Zeit noch erheblich anstieg. Von einem deutlichen Mangel an europäischen Frauen in Lateinamerika kann somit nicht gesprochen werden, in manchen Provinzen bestand vielmehr bereits zwei Jahrzehnte nach der spanischen Besitznahme ein Frauenüberschuß.[9]

Der eigentliche Grund, warum es aber äußerst selten zu einer Mischehe zwischen Spaniern und indianischen Frauen kam — obwohl sie von der Gesetzgebung erlaubt und zum Teil sogar gefördert wurde — lag darin, daß dies für einen Weißen als entwürdigend galt. Die gesellschaftliche Stellung des Spaniers hing zu einem beträchtlichen Teil von seiner weißen Ehefrau ab. So waren auch unter jenen Kolonisatoren, welche keine europäische Frau hatten, nur wenige, die bereit waren, sich mit einer sozial schwächeren und in der Hierarchie der Rassen tieferstehenden Frau zu vermählen.[10] „Wenige hat es in Peru gegeben, die sich mit Indianerinnen verheiratet haben, um die natürlichen Kinder zu legitimieren und erbrechtlich zu machen“[11], schrieb der erste peruanische Chronist, der Mestize Garcilaso de la Vega bedauernd über die Situation in Peru, die sich in dieser Beziehung in nichts von der in Mexiko unterschied.

An dem hierarchischen Beziehungsmuster änderte sich auch in den nächsten Generationen wenig (und zumindest tendenziell hat es sich auch bis in die Gegenwart erhalten). Die Situation der illegitimen Nachkommen blieb bestimmt durch einen sozial dominierenden, oftmals abwesenden oder gar nicht präsenten Vater und eine, im Verhältnis zu diesem, ohnmächtige Mutter. Diese speziellen Charakteristika der Beziehungen verliehen den Vätern in den Augen ihrer illegitimen Söhne und Töchter einen sowohl verklärten wie auch angefeindeten Status. Nur allzuoft repräsentierten sie für ihre Söhne und Töchter eine unerreichbare, überlegene Instanz.

Als reale Bezugsperson blieb den Nachkommen nur die Mutter, die zwar dem Mestizen bedrohlich sein eigenes indianisches Blut vor Augen führte, aber andererseits ihm half, nicht nur die mangelnde Bindung an den Vater zu kompensieren, sondern auch das Fehlen einer sozial intakten Umgebung.

Der Mestize sah sich zunehmend einer prekären Situation ausgesetzt. Das Gemeinschaftsgefühl sowie den Zugang zu der Indiogemeinschaft hatte er verloren, und damit auch die Möglichkeit, in der überlieferten Weise zu leben oder traditionelle Tätigkeiten auszuüben. Trotzdem hatte er aber nur begrenzt Zugang zur spanischen Kultur.[12]

Um als „gente de razón“ bestehen zu können, hatte der Mestize sich mit dem europäischen Bezug zu Gütern, Ideen und Menschen, sowie deren Logik vertraut zu machen. Viele von ihnen, denen es nicht gelang, sich als Handwerker, Lohnarbeiter oder Bedienstete einen Platz in der Kolonialgesellschaft zu erringen, zogen als Vagabunden „Picaros“ oder „Leperos“ — wie sie vor allem in Mexiko genannt wurden — umher.

Ihren Ursprung hat die Figur des Picaro in Spanien, in der großen Masse der Armen, die Braudel einmal mit den Plebejern des Alten Roms verglich. Der Picaro ist ein Außenseiter, ein sozialer „Underdog", ein Individualist auf der Suche nach einem besseren Leben und auf der Flucht vor dem Milieu der Armut, dem er entstammt. Seine Existenz hängt von seiner persönlichen Fähigkeit, sich „durchzuschlagen" ab, und daran orientieren sich auch seine Werte, sein Selbstbild, seine Ehre. Um überleben bzw. besser leben zu können — der Picaro ist als literarische Figur der Vorläufer des Emporkömmlings — muß er sich an wechselnde Situationen anpassen können, die Mächtigen beobachten, die Schwächen anderer erspähen und für sich zu nutzen wissen. Werte wie Anständigkeit oder Redlichkeit haben in der Welt des Picaros keinen Platz.[13]

Vor allem in der berühmt-berüchtigten „Hampa", einer Organisation von Außenseitern und Kriminellen jedes Genres, deren Zentrum Sevilla war, und mit der viele Picaros zumindest lose verbunden waren, galten andere Ehrvorstellungen. Auch in der Hierarchie der Hampa war der Ruf ausschlaggebend für den Platz, den einer einnahm; die Werte, die das Ansehen eines Mannes bestimmten, waren allerdings den gesellschaftlich anerkannten Ehr- und Moralvorstellungen geradezu diametral entgegengesetzt. Der Held des 1646 erschienenen klassischen pikaresken Romans „Leben und Tod des Estebanillo Gonzales" beruft sich mit Stolz auf seinen Stammbaum von Dieben, Lumpen, Henkern, Hexen und Dirnen; vom Heroismus des Soldaten hält er herzlich wenig:

> . . . und so war es mir völlig schnuppe, ob es mit dem Türken abwärts oder mit dem Perser aufwärts ging, es war mir auch entsetzlich wurst, ob der Turm von Valladolid einstürtzte. Ich streckte meinen Wanst in die Sonne . . . und lachte über den ganzen Schwindel von der Ehrenkrämerei.[14]

Und als er von einer schon verhängten Todesstrafe noch einmal begnadigt wird, schreibt er schadenfroh:

> Die Freunde trösteten mich und sagten mir, ich solle nur Mut haben, das sei der Weg, den wir alle zu gehen hätten, ich ginge ihnen nur voraus; was das letztere angeht, haben sie sich getäuscht, denn ich bin in der Nachhut geblieben und sie übernahmen die Avantgarde, verziehen den Henkern, erbaten Messen und verursachten manchen Fingerzeig nach oben.[15]

Der wirtschaftliche Niedergang und die sozialen Umwälzungen ließen die Zahl der Picaros in Spanien rasch ansteigen. Angezogen von der Hoffnung auf ein besseres Leben, kamen viele von ihnen in Sevilla und Cádiz zusammen, um sich von dort nach der Neuen Welt einzuschiffen.[16] Obwohl die spanische Krone zahlreiche Anstrengungen unternahm, die Auswanderung der übel beleumundeten Picaros zu verhindern, fanden diese immer wieder Wege, die Kontrollen zu umgehen. Versuche der Kolonialverwaltung von Mexiko, die Picaros bereits in Veracruz abzufangen und nach den Philippinen weiterzuschicken[17], blieben weitgehend fruchtlos; der Zustrom dieser Randgruppe war nicht zu stoppen.

Nach ihrer Ankunft gesellten sie sich zunächst zu den anderen marginalisierten Spaniern, welchen es nicht gelungen war, zu Reichtümern zu kommen, oder welche diese bereits wieder verloren hatten. Dieses Schicksal war keineswegs ungewöhnlich; bereits 40 Jahre nach der Konquista lebten schätzungsweise 4000 Europäer in Neu-Spanien ohne ersichtlichen Unterhalt.[18]

Dieses Sammelsurium von unkontrolliert umherziehenden Soldaten, aus Spanien geflüchteten Kriminellen, entlaufenen Mönchen und anderen entwurzelten Existenzen, bildete schon in der Mitte des 16. Jahrhunderts in Mexiko die Keimzelle zu einer der Hampa entsprechenden Organisation. Die spanischen Picaros blieben keine in sich geschlossene Gruppe, sondern sie mengten sich zu der großen Zahl von Mestizen und Mulatten, welche sich ebenfalls in der Gesellschaft nicht etablieren konnten. Der Picaro wurde zum „Lépero".

Gemelli Carreri, ein italienischer Reisender des 17. Jahrhunderts, vermutete, daß viele Leperos die Nachkommen einer illegitimen Beziehung zwischen Kreolen und Mulattinnen gewesen wären, von denen sie — gewissermaßen mit der Muttermilch — die schlechten Eigenschaften angenommen hätten.[19] Wesentlich wahrscheinlicher ist allerdings, daß die meisten von ihnen auch einen indianischen Erbanteil hatten.

Die Léperos wurden zwar nie zu einer ernsthaften Bedrohung der etablierten Ordnung, doch ihr Einfluß auf die Gesellschaft war beträchtlich. Sehr rasch entwickelten sie sich zur Plage der Händler und Reisenden und zum Schrecken der Indios. Im 17. Jahrhundert waren sie schon so zahlreich, daß ein Versuch der Behörden, sie zu inhaftieren, schon daran scheiterte, daß die Gefängnisse nicht die Kapazität hatten, sie aufzunehmen, und dies, obwohl gleichzeitig viele Léperos nach Manila verbannt wurden.[20]

Die Geschichte Mexikos zeugt von der Bedeutung dieser Außenseiter, ihrem asozialen Verhalten und ihrer Gewalttätigkeit. Der Einfluß der Léperos überdauerte die Kolonialzeit, die Unabhängigkeitskriege und die Revolution und ist bis in die Gegenwart ein Bestandteil der politischen und sozialen Realität.

Als sporadische Gefolgsleute der verschiedenen Caudillos trugen die Léperos vor allem in Zeiten politischer Wirren dazu bei, die herrschende Orientierungslosigkeit noch zu verstärken. Im Zuge der neuerlichen politischen Stabilisierung verringerte sich ihr Einfluß, blieb aber in modifizierter Form weiterhin erhalten. Die Geschichte der Eingriffe der Léperos auf die sich formierende Gesellschaft — sei es als Privatarmee der Hacienda-Besitzer, als Soldat in der Armee, als Spieler oder Pistolero (Handlanger für die Austragung politischer oder persönlicher Rivalitäten) — ist eine Summe von undurchsichtigen, aber durchaus bedeutenden Aspekten der mexikanischen Realität.[21]

Weder der Typus des „Macho" — und als solcher kann der Lépero zweifellos bezeichnet werden — noch die Gewalttätigkeit der Gesellschaft, können als soziale Phänomene getrennt analysiert werden; ihre wechselseitige Bedingtheit erklärt die Zähigkeit, mit der sie sich in den Vorstellungen der Menschen und im mexikanischen Alltag halten. Das Rollenverhalten des Léperos formte sich unter dem Einfluß einer gewalttätigen Umgebung, und in dem Bedürfnis dieser Gewalt zu trotzen, machte er die persönliche Gewaltanwendung, die Unterdrückung anderer, und die eigene Unangreifbarkeit zu den Stützpfeilern seines Selbstbildes.

Zumindest in den unmittelbar auf die Konquista folgenden Generationen unterschied sich die Situation des Mestizen nur graduell von der des Léperos. Sie erschienen den Indios als Bedrohung und der Oberschichte als Ärgernis, da sie schwierig zu kontrollieren waren: und es wurden ihnen von diesen eine Fülle schlechter Eigenschaften, wie Alkoholismus, Unverschämtheit und eine angeborene Schwäche für Räubereien und Aggression, ebenso wie die Unfähigkeit, „law and order" zu akzeptieren, unterstellt.[22]

Auch nachdem sie allmählich als eigene Bevölkerungsgruppe akzeptiert wurden, änderte sich wenig an dem sozialen Druck, dem die Mestizen ausgesetzt waren. Unter dem Zwang, sich trotz dieser Bedingungen zu behaupten, und um sich von der von den Spaniern nur als Masse wahrgenommenen Indios zu distanzieren, betonte der Mestize seine Individualität und seine Überlegenheit über die Indios. Daß er wenig Hemmungen hatte, auch asoziale Eigenschaften wie Aggressivität und Rücksichtslosigkeit positiv zu belegen, erscheint verständlich. In der Welt des Mestizen war für Altruismus und Solidarität wenig Platz. In seiner Betrachtung über das Wesen des Mestizen schreibt Eric Wolf:

Für den Mestizen ist Macht keine Eigenschaft, die der Gruppe an sich zukommt. Aufgabe der Gruppe ist es, dem einzelnen Rückendeckung zu geben. Das Individuum lebt nicht für die Gruppe. Im Vordergrund stehen Wünsche und Verhalten des einzelnen, die nur darauf abzielen, Herrschaft über die Mitmenschen auszuüben. Erfolg wird daran gemessen, inwieweit andere bereit sind, ihm zu dienen und durch ihre Untergebenheit dessen demonstrativ zur Schau gestellte Inanspruchnahme von Zeit und Gütern zu unterstreichen. Eine Niederlage führt zu Sklaverei oder Tod. Hier gibt es keinen Mittelweg: Wer nicht Sieger sein will, ist zwangsläufig Verlierer. Letztendlich sind in diesem Kampf um persönliche Macht über Menschen und Dinge alle Mittel erlaubt, sogar Gewalt und Tod. Dieser Machtkampf war mehr als ein Mittel zum Zweck: als Rechtfertigung der eigenen Existenz und des Ranges, den man in der Gesellschaft innehatte, wurde er zu einem erstrebenswerten Ziel an sich.[23]

Die Mittel bei diesem Kampf um die Macht sind bei dem männlichen Mestizen primär dessen persönliche, physische wie psychische Eigenschaften: Seine Männlichkeit, sein Machismo. In der Beziehung des Mestizen zu Frauen wird diese der Macht immanente Komponente deutlich. Hier äußert sich die Macht des Mannes in der

Zahl seiner „Eroberungen“; seine Stärke in der permanenten Bereitschaft zu erobern. Dieser besondere Zusammenhang von Macht und Sexualität verhindert die sexuelle Befriedigung, da dies ja einem Aufkündigen der Bereitschaft, um Macht zu kämpfen, gleichkommen würde. Natürlich wäre es illusorisch anzunehmen, daß die gegebene soziale Situation dem durchschnittlichen mexikanischen Mestizen erlauben würde, sich selbst im Kampf um Überlegenheit und Macht über viele andere bestätigt zu sehen. Aber gerade die Unfähigkeit dazu forciert dessen Anspruch, zumindest im Bereich der Sexualität seine Macht bzw. Männlichkeit zu zeigen. Da der Männlichkeit aber nie vollständig Genüge getan werden kann und diese somit auch nicht zu begrenzen ist, hat auch der sexuelle Appetit unbegrenzt zu sein, und so wird, um als männlich zu gelten, auch das demonstrative Zurschaustellen des Bedürfnisses wichtiger als die Sexualität selbst.

Die Wurzeln dieses machistischen Rollenverhaltens des Mestizen reichen zweifelsohne bis in die Kolonialzeit zurück, in das durch Rassismus und Diskriminierung geprägte soziale Umfeld der gemischtrassigen Bevölkerung. Seither hat sich gesellschaftspolitisch viel verändert, aber die Bedrohung, auf die Männer unter anderem mit Machismo reagieren, ist ihrem Wesen nach gleich geblieben. Immer noch ist es die Angst, nicht männlich-überlegen zu sein, sondern „weiblich“.[24]

Octavio Paz sieht diese Angst der Männer vor ihrer Weiblichkeit, vor der Nähe zu ihrer indianischen oder gemischtrassigen Mutter in der Bedeutung, welche die symbolische Figur der „chingada“ einnimmt, wiedergespiegelt. „La chingada“ ist die Geschändete, die Passive, die Unterlegene:

„Chinguiert“ werden heißt passiv, träg, offen sein, im Gegensatz zu Aktivität, Aggressivität und Verschlossenheit dessen, der „chinguiert“. Der „chingon“ ist der Mann, der öffnet; die „chingada“ das Weib, das passiv und schutzlos nach außen ist. Die Beziehung zwischen beiden ist die Beziehung der Gewalt, die von der zynischen Macht des Mannes und der Ohnmacht der Frau bestimmt wird: Die Idee der Vergewaltigung überlagert dunkel alle diese Bedeutungen.[25]

Die Nähe eines jeden Mannes zu dieser Figur drückt sich auch in der verbreiteten Beschimpfung „hijo de la chingada“ aus:

Die „Chingada“ ist die mit Gewalt geöffnete, geschändete, getäuschte Mutter. Der „Sohn der Chingada“ ist demnach die Ausgeburt der Schändung, des Raubes, des Spottes. Vergleicht man diesen Ausdruck mit dem spanischen „Sohn einer Hure“, erkennt man sofort den Unterschied. Während es für den Spanier eine Schande bedeutet, von einem Weib geboren zu sein, das sich freiwillig hingegeben hat, besteht diese für den Mexikaner darin, die Frucht einer Vergewaltigung zu sein.[26]

Die ursprüngliche Problematik des Sich-Distanzierens vom indianischen Erbanteil und jene der Gespaltenheit zwischen Spaniern und Indios wandelte sich mit zunehmender Mestizaje; d. h. die Angst, „die Frucht einer Vergewaltigung zu sein, transformierte sich hauptsächlich in die dem Mann immanente Befürchtung, wie die Vergewaltigte zu sein. Dagegen hat er sich zu wehren, und die einzig mögliche Art dies zu tun, ist, männlicher als die anderen und — wie der imaginäre Vater — selbst ein „chingon“ zu sein. Die Auswirkungen dieser Polarisierung von männlich und weiblich, von mächtig und ohnmächtig, sind fatal:

Für den Mexikaner ist das ganze Leben schließlich eine Möglichkeit zu „chinguieren“ — das heißt zu demütigen, zu beleidigen, zu züchtigen — oder „chinguiert“ zu werden. Die kämpferische Auffassung unseres gesellschaftlichen Lebens spaltet fatalerweise unsere Gesellschaft in Starke und Schwache.[27]

Für Octavio Paz decken sich das Umfeld des Wortes „chingar“ und jenes des Machismo. Er schreibt: „Der ‚Macho‘ ist der ‚Große Chingon‘. Der Macho bedeutet den männlichen Pol des Lebens.“ Der Macho stellt aber auch die größtmögliche Abgrenzung gegenüber dem „Weiblichen“ und gleichzeitig die größtmögliche Angst vor diesem dar. Je näher er sich dieser negativ belegten Weiblichkeit fühlt, desto krampfhafter werden seine Versuche, sich davon zu distanzieren.

Die Konquista schuf die psychologische Voraussetzung dafür, daß indianisch mit „Weiblichkeit“ assoziiert wurde. Die in diesem Kapitel angeführten Besonderheiten der Situation der gemischtrassigen Bevölkerung Mexikos, führten nicht zu einem Wechsel in der Wahrnehmung und Bewertung von „Männlichkeit" und „Weiblichkeit", sondern perpetuierten diese bis in die Gegenwart.

Der Ausruf zum mexikanischen Nationalfeiertag „Viva Mexico, hijos de la Chingada!" (es lebe Mexiko, Söhne der Chingada) erinnert daran, daß allen Änderungen der Gesellschaft zum Trotz die Vergangenheit noch lebendig ist:

> In diesem Schrei verfluchen wir unseren Ursprung und verabscheuen unser hybrides Blut. (Octavio Paz).[28]

STAAT UND INDIVIDUALITÄT

Zum Widerspruch zwischen abstraktem Recht und persönlicher Ehre in Kolonialherrschaft und Demokratie

Allen Analysen und Erklärungen zum Trotz war die Konquista ein Ereignis, welchem bis heute der Nimbus des „Unglaublichen" anhaftet. Weniger spektakulär aber ebenso erstaunlich ist die Effizienz, mit der es dem spanischen Staat gelang, über eine enorme Distanz hinweg sich in den neu gewonnenen Kolonien zu etablieren und diese politisch, wirtschaftlich und kulturell an ihr europäisches Vaterland zu binden.

Die spanischen Eroberer zögerten nie, die von ihnen besetzten Gebiete auch gegen konkurrenzierende Gruppen von Konquistadoren mit Waffengewalt zu verteidigen. Dem Anspruch der Krone auf die neu entdeckten Länder standen sie allerdings weitgehend ohnmächtig gegenüber. Die enge Verbindung des Staates mit der Kirche rückte jede Rebellion in den Grenzbereich der Blasphemie, und die „Soldaten der Bürokratie" trugen die Konfrontation mit den Haudegen der Konquista auf einer Ebene aus, auf der diese weitgehend ungeschickt und hilflos agierten.

Mit der Entmachtung der Konquistadoren war der Kampf um die zukünftige Stellung der Kolonien für die nächsten Jahrhunderte entschieden; sie wurden völlig dem spanischen Mutterland unterstellt.[1] Diese Unterordnung der „Neuen Welt" fand auch ihren Niederschlag in der Zusammensetzung des Verwaltungssystems. Obwohl eine große Anzahl von in Lateinamerika geborenen Spaniern — die Kreolen — zur Verfügung gestanden wäre, wurden sämtliche höheren Ränge mit aus Spanien gesandten Beamten besetzt. Der mexikanische Historiker Aleman nimmt an, daß von allen Vizekönigen, welche in Spanisch-Amerika bis 1813 regierten, nur vier in Amerika geboren wurden, und diese waren Söhne von höheren spanischen Beamten. Von 602 General-Kapitänen, Gouverneuren und Vorsitzenden waren nur 14 Kreolen und von den 706 Bischöfen und Erzbischöfen kamen 601 aus Spanien.[2]

Diese Posten in der Neuen Welt waren die „Beute", welche es nach abgeschlossener Konquista noch zu machen galt, und der wirtschaftliche Niedergang Spaniens ließ diese um so verlockender erscheinen.

Die Krone versuchte, sich ihren Anteil von vornherein zu sichern, indem sie diese Posten an den Meistbietenden verkaufte. Diese Praxis wurde keineswegs als anstößig empfunden; als Don Fernando de Valenzuela während der Regierungszeit von Mariana de Austria die Theologen um Rat fragen ließ, ob es statthaft sei, die hohen Ämter zu verkaufen, fanden diese weder in göttlichen noch in menschlichen Gesetzen einen Hinderungsgrund dafür.[3]

Die in dieser Weise zu Amt und Würden gelangten Beamten hatten verständlicherweise wenig Skrupel, ihre zeitlich befristeten Ämter bis zu ihrer Rückkehr nach Spanien bestmöglich für ihre private Bereicherung zu nutzen. So verkauften sie ihrerseits die von ihnen zu vergebenden Posten, wobei es keineswegs unüblich war, den Ämter-Kauf bereits mit jenem Geld zu tätigen, welches man in der Folge durch eben diese Stellung zu erlangen hoffte. Die Erwartungshaltung der Staatsbediensteten, daß mit ihrem Amte auch die Berechtigung zu dessen persönlicher Nutzung verbunden wäre, fand auch ihren Niederschlag in einer sehr „persönlichen" Interpretation von Gesetzen. Sowohl Kolonisten wie auch der Verwaltungsapparat setzten alles daran, sich der Kontrolle durch das Mutterland zu entziehen und frei, d. h. abseits von allgemein bindenden Regeln zu agieren. Insbesondere geschäftliche Transaktionen wurden mehr von Loyalität und persönlichen Kontakten, von Bestechungen und Belohnungen, Steuerhinterziehung und Unterschlagungen bestimmt, als von juridischen Auflagen. Der Staat reagierte auf diese Übertretungen weniger in dem Sinn, daß er die bereits bestehenden Gesetze verstärkt zur Anwendung gebracht hätte, sondern vielmehr mit dem Erlaß von immer neuen Gesetzen, die wiederum „mit Recht" mißachtet wurden.[4]

Die Selbstverständlichkeit, mit der legale Normen mißachtet und Ämter mißbraucht wurden, blieb nicht auf die Zeit der spanischen Herrschaft beschränkt, sondern hat sich als deren „Erbe" bis in die Gegenwart erhalten. Noch heute werden die administrativen Posten als Besitz einer — wenn auch aus anderen Gründen — privilegierten Gruppe wahrgenommen. Der Umstand, daß jeder, dem es möglich erscheint, danach strebt, einen solchen Posten einzunehmen, verhindert nicht dessen schlechteste Meinung von der Verwaltung bzw. Regierung. Jede Autorität wird als falsch, unmoralisch und tyrannisch angesehen, und jedes Gesetz als schädigend für die persönlichen Interessen.[5]

Dieses „spanische Erbe" ist keineswegs nur die Konsequenz eines Kolonialsystems, sondern ist vielmehr auch Teil einer besonderen Auffassung von Individualität.

In einer vielzitierten Arbeit führt der nordamerikanische Anthropologe John Gillin dies als eines der Charakteristika — so problematisch Verallgemeinerungen auf diesem Gebiet auch sind — der lateinamerikanischen Gesellschaften an und hebt den beträchtlichen Unterschied zu seiner eigenen Gesellschaft hervor:

Sowohl Nord- wie Südamerikaner legen großen Wert auf den Begriff „Individualität" ... In Lateinamerika ist, um es kurz zu sagen, jeder Mensch wertvoll, weil er eine einmalige innere Qualität oder einen einmaligen Wert besitzt. Das Credo der Vereinigten Staaten hingegen lautet (zumindest dem Ideal nach), daß dem Individuum Respekt gebührt, weil es das Recht hat, als „genauso gut" angesehen zu werden, „wie sein Nächster", zumindest hat es aber das Recht auf eine „gleiche Chance" oder gleiche Möglichkeiten wie jeder andere. Mit anderen Worten, in den USA wird der durchschnittliche einzelnen hinsichtlich seiner „Gleichheit" mit anderen beurteilt — Gleichheit oder Recht oder Möglichkeit. In der lateinamerikanischen Kultur hingegen wird der einzelne gerade deswegen geschätzt, weil er nicht genau so ist, wie irgend jemand anderer.[6]

Die Ursprünge der damit in Zusammenhang stehenden Vorstellungen von Selbstwert und Ehre finden sich nicht in den vorkolumbianischen Kulturen, sondern sind zweifelsohne ein kulturelles Erbe Spaniens bzw. des mediterranen Raumes.[7]

Besonders im Spanien des Goldenen Zeitalters wurde Ehre wie ein reales Gut gehandelt. Ehre konnte man nehmen, schulden und zurückerstatten.[8] Dadurch, daß die Ehre in erster Linie durch „sich messen" an anderen verliehen und genommen wurde, war sie permanent gefährdet, oder, wie es Lope de Vega ausdrückte:

> Ehre ist ein reiner Kristall,
> den schon ein Anhauch trüben kann.[9]

Ehre war somit praktisch die unsichtbare Verlängerung der physischen Existenz; wurde sie „geraubt", bedeutete dies zwar nicht unbedingt die körperliche Vernichtung des Opfers, doch in vielen Fällen dessen sozialen Tod. Dies geht aus einem Gespräch zweier Edelleute aus dem „Don Quijote" deutlich hervor:

> Denn, wenn ich trachten soll, dir die Ehre zu rauben, so ist klar, daß ich dir das Leben raube, da der Mann ohne Ehre schlimmer dran ist als ein des Lebens beraubter.[10]

Mit Abschwächungen hat sich diese Vorstellung von Ehre bis in die Gegenwart erhalten und steht somit im deutlichen Gegensatz zur traditionellen puritanischen Vorstellung von Ehre durch Tugendhaftigkeit und den damit verbundenen Werten wie Gleichheit, Sexualverdrängung und Sparsamkeit, die nicht dazu dienen sollten, sich über andere überlegen zu zeigen, sondern zum Selbstzweck wurden. Pitt-Rivers:

> Innerhalb eines solchen Komplexes an Worten war der Besitz — seiner Bedeutung als Mittel zum Ausbau ihrer Ehre durch die Erlangung einer Vormachtstellung gegenüber anderen beraubt — nicht länger ein Zeichen von Gnade; man strebte in Hinkunft eher auf dessen Anhäufung denn auf Umwandlung in Prestige durch Neuverteilung. Der Konflikt zwischen Ehre = Vorrangstellung und Ehre = Tugend wurde zugunsten letzterer gelöst, und

Ehre galt als religiöses Gewissen, das sich in finanzieller Zahlungskräftigkeit manifestierte und sozusagen nicht mehr länger mit dem Speer in der Hand, sondern mit dem Scheckheft in der Tasche verteidigt wurde. Ihre Einstellung zu Aufmachung, Frauen, Eitelkeit, Mut, Gewalt, Rang und Privilegien, Rechtmäßigkeit, Unehrlichkeit, Bildung, selbst zur Epoche an sich, kann einfach durch eine Umkehrung der aristokratischen Gleichsetzung von Ehre = Vorrangstellung erklärt werden.[11]

In Lateinamerika hat sich dieser Wandel nur sehr begrenzt vollzogen und mit dem Akzeptieren, daß nicht jeder gleich wie der andere ist, sondern sowohl als Person wie auch durch Stellung und soziale Möglichkeiten etwas Besonderes ist, wird die Allgemeingültigkeit von Werten wie „Gerechtigkeit" grundsätzlich in Frage gestellt.

Die puritanische Gesellschaft Neu-Englands verlangte eine direkte, persönliche Unterwerfung des einzelnen unter das Gesetz, wobei sich jedes Individuum von vornherein seiner potentiellen Schuldhaftigkeit, welche er mit allen seinen Mitbürgern gemein hatte, bewußt war.

Das damit verbundene permanente Abwägen der eigenen Verhaltensweisen gegenüber den rechtlichen Normen der Gesellschaft und die Unterordnung unter diese findet sich beispielsweise nicht in dieser Form in Mexiko; hier war und ist das Gesetz ein von dem persönlichen Wertsystem weitgehend abgehobener abstrakter Bereich. Das „Gesetz als abstrakter allgemeingültiger Wert an sich" bleibt weitgehend unverbindlich, da die Menschen nicht „gleich sind"; Konturen und konkrete Inhalte erlangt es erst durch die erfolgte Anwendung, wobei es den individuellen Eigenschaften und der persönlichen Macht der einzelnen überlassen bleibt, die Gesetze entsprechend den eigenen Bedürfnissen zu interpretieren.

Diese Betonung des individuellen Einflusses auf abstrakte Ordnungs- und Disziplinierungsmechanismen erlaubt ein — für eine Massengesellschaft — sehr hohes Maß an Individualität.

Für die Schwachen und Ohnmächtigen der Gesellschaft erwachsen aber gerade dadurch auch gravierende Nachteile. Die Überbetonung der Person gegenüber Legislative und Prinzipien spaltet die Gesellschaft in Starke und Schwache, wobei die Macht auch das Recht auf ihrer Seite hat.

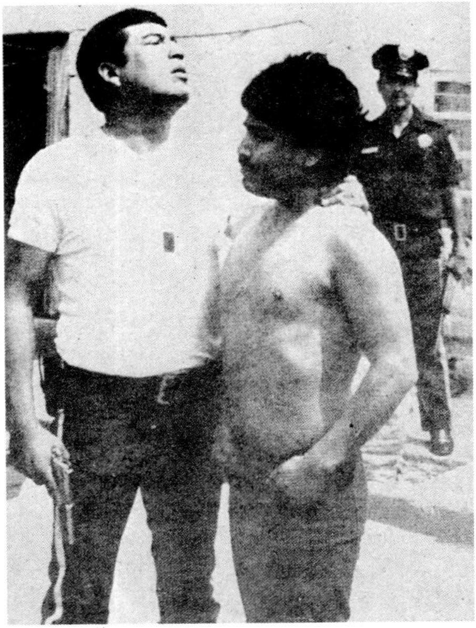

Abb. 12: Polizei führt einen gefangengenommenen Bankräuber der Presse vor

Bei uns kommt es nicht auf Gerechtigkeit an, sondern auf das Geld und die Kraft der eigenen Faust. Es gilt das Recht des Stärkeren, wie bei den Tieren. Dem Wohlhabenden passiert nie etwas, er kann die schlimmsten Verbrechen begehen und ist trotzdem in den Augen der Richter und der Polizei ein Unschuldslamm, weil sie sein Geld riechen. (Roberto, in „Die Kinder von Sanchez").[12]

Fatalerweise wird die Auslegung der Gesetze durch die Mächtigen nicht als entehrend wahrgenommen. Die dadurch Benachteiligten beklagen zwar die Mißstände, nehmen diese aber auch deshalb weitgehend in Kauf, weil die Möglichkeit zur Manipulation mit Männlichkeit assoziiert wird.

Die Dignidad (Ehre) des Starken, des Macho, basiert nicht darauf, ein „guter" gesetzestreuer Mitbürger zu sein. Seine Männlichkeit manifestiert sich in dem Wahrnehmen seiner Möglichkeiten und Vorteile und darin, daß er Schwächere zwingen kann, dies zu akzeptieren.

Unser Motto heißt: „Wenn ich ein Wurm bin, dann soll der andere sich wie eine Laus vorkommen." Ja, hier muß man immer merken, daß man oben ist. Ich selbst habe das schon so empfunden, darum sage ich es auch. Ich bin eben ein typischer Mexikaner, na ja. Selbst wenn man ganz unten ist, muß man sich so vorkommen, als ob man höher steht. Ich habe das bei den Lumpensammlern beobachten können; sogar unter Dieben gibt es noch Rangstufen. Die reden untereinander etwa so: „Na, du Soundso, du kannst wohl bloß alte Schuhe stehlen. Ich aber, wenn ich stehle, nehme nur gute Sachen." Dann sagt der andere: „Du kannst auch bloß Terpentin trinken. Ich dagegen, ich kippe sechsundneunzigprozentigen Alkohol herunter, als ob das nichts ist." So liegen die Dinge hier. (Manuel, in „Die Kinder von Sanchez").[13]

Am Beispiel der Korruption wird besonders deutlich, daß diese — eine umfassende Demokratisierung unmöglich machende — persönliche „Interpretation" von Gesetzen nicht nur auf die oberen Schichten der Gesellschaft beschränkt ist, sondern in sämtlichen Bereichen ihre Gültigkeit hat.

Exkurs: Zum Stellenwert der Korruption in einer machistischen Gesellschaft

„La mordida" — der kleine Biß, wie die Bestechung in Mexiko genannt wird, stellt ein wichtiges Element der gesellschaftlichen Beziehungen dar und ist in sämtlichen Regionen und Sektoren des Landes präsent. Selbst in kleinen, überschaubaren Dorfgemeinschaften wird das Akzeptieren von Bestechungsgeldern als normal angesehen.[14]

Dazu gegenteilige Erklärungen — wie die folgende — rufen bei den Eingeweihten — und dies ist die gesamte Bevölkerung — bestenfalls Heiterkeit hervor.

La de México no es una sociedad corrupta

Guadalajara, Jal., 28 de junio. El subsecretario de Gobernación, Jorge Carrillo Olea, afirmó hoy aqui que la de México no es una sociedad corrupta, ya que sus valores históricos son de honestidad y de trabajo, y la deshonestidad es repudiada por la generalidad.
Hablé en la presentación del Programa del Consejo Estatal de Seguridad Pública.

Die mexikanische Gesellschaft ist nicht korrupt

Guadalajara, Jal., 28 Juni. Der Unterstaatssekretär, Jorge Carillo Olea, unterstrich heute, daß die mexikanische Gesellschaft nicht korrupt sei, weil seine historischen Werte Ehrlichkeit und Arbeit seien und die Unehrlichkeit von der Mehrheit abgelehnt werde. Er sagte dies anläßlich der Präsentation des staatlichen Ausschusses für öffentliche Sicherheit.

Selbst höchste Regierungsstellen lassen durch ihre Aussagen diese Erklärung als realitätsfremdes Wunschdenken oder als Propaganda in eigener Sache erkennen; 1970 versuchte der damalige Präsident Luis Echeveria Alvarez mit folgenden Worten zumindest die Selbstverständlichkeit, mit der die Korruption akzeptiert wurde, in Frage zu stellen: „Jene, die eine administrative oder gewählte Stellung anstreben, müssen sich dessen bewußt sein, daß dies nicht ein Mittel ist, ein Vermögen anzuhäufen.“[15]

Lopez Portillo formulierte 1976 das Problem noch prägnanter: „Die Korruption ist ein Krebsgeschwür, welches unsere Gesellschaft verzehrt“.[16]

Erklärungen wie diese änderten nichts daran, daß besonders unter diesen beiden Präsidenten — bedingt durch wirtschaftlichen Aufschwung und damit verbundenen größeren Investitionen — das „Krebsgeschwür“ der Korruption geradezu unglaubliche Ausmaße annehmen konnte.

Die wenigen gerichtlich verfolgten Fälle — der bekannteste ist jener von Díaz Serrano, der unter Lopez Portillo Chef des staatlichen Erdölunternehmens PEMEX war — lassen ahnen, in welchem Umfang und mit welcher Unverfrorenheit persönliche Bereicherung praktiziert wird. Schon 1980 konnte Díaz Serrano das Verschwinden von 112 Millionen Faß Öl im Werte von 3,56 Milliarden Dollar nicht erklären. Inzwischen hat sich die Summe, deren Verschwinden aus den Abrechnungen der PEMEX unter dem Tatbestand der „unerklärlichen Verarmung“ untersucht wird, auf 15 Milliarden Dollar erhöht.[17] Selbst gemäßigte Beobachter der Innenpolitik Mexikos äußerten den Verdacht, daß der Fall Serrano nur dazu dienen sollte, die Beteiligung von noch Mächtigeren an diesem Betrug zu verschleiern. Serrano selbst sagte — sich keiner Schuld bewußt: „Ich bin ein Mann des Systems“.[18]

Das System produziert Bestechlichkeit auf allen Ebenen seiner Hierarchie; die alltäglichste davon ist die Mordida eines Beamten der Verkehrspolizei.

Dessen Gehalt ist bewußt niedrig angesetzt, da selbstverständlich davon ausgegangen wird, daß er sich sein Einkommen durch Bestechungsgelder aufbessern wird. „Para los refrescos“ (für eine Limonade) lautet die übliche Phrase, mit der ein Verkehrsteilnehmer dazu angehalten wird, die Strafe für sein Vergehen — und sei es nur ein fiktives — direkt an den Polizeibeamten zu bezahlen. Dieser wiederum hat einen Anteil davon, „La renta“, an seinen Vorgesetzten abzuliefern. In den unteren Rängen hängt die abzugebende Summe vom Standort des Polizisten ab. So zahlen beispielsweise die beweglichen Motorradpolizisten wesentlich mehr als ihr an einer einsamen Kreuzung postierter Kollege. Bei den höheren Beamten wird die Quote von der Zahl der Untergebenen bestimmt, und da die verschiedenen Polizeiabteilungen Mexikos sehr personalintensiv sind, war es beispielsweise möglich, daß es der oberste Polizeigeneral unter Lopez Portillo nicht nur zu einem Millionenvermögen im Ausland, sondern auch zu zwei riesigen Villen im Stil griechischer Tempel brachte. Als ein Bürgermeister den Bau einer dieser 10-Millionen-Dollar-Villen in seiner Gemeinde verhindern wollte, entgegnete Polizeigeneral Durazno: „Ich habe ein Recht, in Zihuatanejo (Ort an der Pazifikküste, d. A.) ein Haus zu haben. Oder vielleicht nicht, wenn jeder Arme dasselbe Recht hat?“[19]

Hier äußern sich ein Zynismus und eine „Selbstverständlichkeit der Macht“, die deutlich machen, daß die Korruption in Mexiko mehr ist als das Produkt eines „Entwicklungslandes“ mit dem Erbe eines patrimonialen Regimes, wie Oktavio Paz vermutet:

Personen von einwandfreiem privatem Betragen, Muster an Moral in ihrem Haus und ihrer Umgebung, haben keine Skrupel, über die Staatsgüter so zu verfügen, als wären es die ihrigen. Es handelt sich weniger um Immoralität, als um die unbewußte Geltung einer anderen Moral: im Patrimonialregime sind die Grenzen zwischen öffentlicher und privater Sphäre, zwischen

Staat und Familie, eher unbestimmt und fließend. Wenn ein jeder König in seinem Haus ist, ist das Königreich wie ein Haus und die Nation wie eine Familie.[20]

Die Mordida ist — obwohl von der Bevölkerung beklagt und verflucht — auch ein Produkt des herrschenden Rollenverhaltens. Dies soll nicht bedeuten, daß die Ursache der Korruption im Machismo liegt, aber zweifellos fördert dieser den gesellschaftlichen Mißstand und erschwert Gegenmaßnahmen. Ein Polizist, der einen Bürger dazu zwingen kann, ihm Mordida zu zahlen, sieht sich nicht primär als Repräsentant einer öffentlichen Institution. Die durch seinen Posten verliehene Macht erscheint ihm als seine persönliche; und kann er einem anderen seinen Willen aufzwingen, d. h. Mordida kassieren, rechtfertigt dieser „Sieg" schon die Handlung. Mit jeder bezahlten Mordida wächst nicht das Gefühl, etwas Illegales zu begehen, sondern jenes von Überlegenheit. Auch wenn ihm im Kontakt mit seinem Vorgesetzten seine völlige Ohnmacht bewußt wird: in den täglichen kleinen Gefechten kann er sich als Person, als Macho, bestätigen.

GESELLSCHAFTLICHER STATUS UND MÄNNLICHKEIT DES KREOLEN

Die Zielstrebigkeit, mit der Spanien den Anspruch der Verfügungsgewalt über seine Vizekönigreiche durchsetzte, drängte bereits die erste Generation der Kreolen (in Lateinamerika geborene Spanier) in eine defensive Haltung zu ihrem Mutterland. Die Nachkommen der Eroberer sahen sich um entscheidende Teile der Beute betrogen, da selbst den vermögendsten und angesehendsten unter ihnen der Zugang zu den oberen Verwaltungsrängen sehr erschwert, wenn nicht ganz unmöglich gemacht wurde.

Die „Gachupines", wie die gebürtigen Spanier in Lateinamerika genannt wurden, profitierten, sehr zum Ärgernis der Einheimischen, von dieser Regelung. Bezeichnenderweise hatte der Ausdruck „Gachupin" auch die Bedeutung von „Emporkömmling". In poetischer Form beklagte Francisco de Terrazas, ein Dichter des 17. Jahrhunderts, diese Benachteiligung seiner Landsleute:

Llorosa Nueva España que deshecha
te vas en llanto y duelo consumiendo . . .
Si los más que te habitan son tratantes
que te agotan la sangre de la venas . . .
Madrastra nos ha sido rigurosa
y dulce madre pía a los extraños;
con ellos de tus bienes generosa,
con nosotros repartes de tus daños . . .[1]

Tränenreiches Neu-Spanien
verzehrst du dich in Wehklagen und Tränen . . .
Wenn die Mehrheit deiner Bewohner Händler
sind, die dir das Blut aus den Adern saugen . . .
Du warst uns eine strenge Stiefmutter und
eine süße heilige Mutter den Fremden;
ihnen gibst du großzügig deine Güter,
mit uns teilst du die Leiden . . .

Großzügig und von Vorteil erwies sich die Neue Welt den eingewanderten Spaniern nicht nur in wirtschaftlicher und politischer Hinsicht; ihre europäische Herkunft rückte sie auch in den obersten Rang in der Hierarchie der Rassen in den Kolonien. In Europa geboren zu sein, galt als etwas Besonderes und verhalf auch, wie Gemelli Careri, ein italienischer Reisender des 17. Jahrhunderts genußvoll bemerkte, zu besonderem Erfolg bei den kreolischen Frauen:

Sie (die Frauen, d. A.) haben eine starke Neigung für die Europäer . . . und mit diesen verheiraten sie sich lieber — selbst wenn diese arm sind — als mit ihren Landsleuten, selbst wenn diese reich sind.[2]

Die Kreolen reagierten laut Gemelli Careri auf diesen — ihren männlichen Stolz verletzenden — Mißstand damit, daß sie sich Mulattinen als Geliebte nehmen; an der Kränkung ihres Selbstwertgefühles ändert dies jedoch wenig:

Daraus folgt, daß die Kreolen so sehr die Europäer hassen, daß immer, wenn einer durch die Straßen geht, sie ihn verspotten und sich gegenseitig von Haus zu Haus zurufen: „Er ist es.“ Und deshalb kommt es auch vor, daß die in der Stadt neu angekommenen Spanier sich derart erzürnen, daß sie mit Pistolen auf sie schießen. Schlußendlich ist es in diesem Streit so weit gekommen, daß sie selbst ihre Väter hassen, nur weil sie Europäer sind.[3]

Als Erklärungsversuch ist diese Ansicht sicherlich nicht ausreichend; an der Aversion der Kreolen gegen die Spanier besteht jedoch kein Zweifel. Sie sahen sich mit der paradoxen Situation konfrontiert, daß ihr auch rassistisch begründeter Führungsanspruch mit einer ebenfalls auf Rassismus basierenden Argumentation eingeschränkt wurde.

Ein beträchtlicher Teil von ihnen wandte sich nicht zuletzt deshalb vom weltlichen Leben ab und schlug eine kirchliche Laufbahn ein.[4] Diejenigen Kreolen, welche sich nicht auf diese Weise mit ihrem Rang in der gesellschaftlichen Hierarchie abfinden wollten, setzten den Disziplinierungsversuchen durch Kirche und Staat eine exzessiven Betonung weltlicher Ausdrucksformen entgegen. Selbst spanischen Reisenden erschienen die Kleider, der Schmuck, die Architektur der Häuser und andere Äußerlichkeiten, mit denen die Kreolen ihre soziale Stellung zur Schau stellten, zu bombastisch.[5]

Der soziale Druck zur Selbst-Präsentation beschränkte sich nicht auf die materiellen Ausdrucksformen, sondern prägte auch die Vorliebe der Kreolen für ein besonders männliches Verhalten.

Im Gegensatz zu ihren Vorfahren entdeckten und eroberten sie keine neuen Länder; sie bewiesen ihre Männlichkeit durch Unterwerfung von Konkurrenten und durch Eroberungen auf sexuellem Gebiet. Der Gegner wurde nicht mehr im feindlichen Lager gesucht, sondern innerhalb der eigenen Gesellschaft; eine unwidersprochene Beleidigung anderer erhöhte das Ansehen des Beleidigers. Das Prestige eines Mannes baute auf seiner Unverletzbarkeit und der Erniedrigung der Umgebung auf. Da der unmittelbare Kampf weitgehend eingeschränkt war, wurde versucht, den Gegenspieler — und jeder Mann der Umgebung war ein potentieller Gegner — an anderen „empfindlichen“ Stellen zu treffen. In diesem Sinne ist auch die klassische Figur des „Don Juan“ zu interpretieren. „Don Juan“ ist der typische Protagonist der „pecking-order-theory“ der Ehre. Er ist die Verkörperung eines Ideals von einem Mann, der — um seine Überlegenheit in allen männlichen Aspekten des Lebens zu beweisen — am unbedenklichsten sein Leben riskiert, die meisten Duelle ausficht, mit den höchsten Einsätzen spielt, am meisten Geld ausgibt, die elegantesten Kleider trägt und die meisten Frauen erobert. Insbesondere mit der Verführung von Frauen demonstriert er auf das Vortrefflichste seine Männlichkeit, da er mit dem sexuellen Akt nicht nur die Frauen unterwirft, sondern mit ihnen auch ihre Familie — deren Ehre mit jener der Töchter verbunden ist — vergewaltigt.[6]

Ehre und hohes Ansehen wird dem Don Juan aber keineswegs abgesprochen; im Gegenteil:

> Solange ihr ihm weder ein Mädchen noch etwas Ähnliches gebt, könnt ihr ihm völlig trauen; denn trotz seiner Grausamkeit mit Frauen ist er von hohem Adel.[7]
>
> (Tirso de Molina, „El burlador de Sevilla")

In der Welt der „realen Don Juans" nahm die Darstellung individueller Überlegenheit einen größeren Stellenwert ein, als die Befolgung moralischer Normen. Hier wird der Druck, Ehre zu besitzen, zu einem asozialen Element in der Gesellschaft; Loyalität und Vertrauen werden in den Augen dieser „Einzelkämpfer" um Prestige zweitrangig. Don Juan ist nicht ein Mann, der seine Sehnsucht nach Liebe nicht befriedigen kann — die Frauen, die er „erobert" können ihn nicht befriedigen, da sie für ihn Objekte sind — sondern ein Getriebener, der sich seines Selbstwertes unsicher ist und diesen nur durch die Erniedrigung anderer wahrnehmen kann.[8]

Frauen waren für diese Männer gleichzeitig Objekt in dem beschriebenen Sinne und Bedrohung; da die Überlegenheit der Männer im wesentlichen auf ihrer Verschlossenheit beruhte, bedeutete jede Art von Sehnsucht nach Liebe und Wärme, jedes Sich-öffnen ein Sich-gleichstellen mit einer anderen Person und damit die Gefahr, erniedrigt zu werden.

Die Beliebtheit der „Brindis", einer Art Trinkduell um zu sehen, wer fähig war, mehr Wein als sein Kontrahent zu trinken, ohne umzufallen, sind ein weiterer Ausdruck davon, an welcher Art von Männlichkeit sich das Selbstwertgefühl des Kreolen orientierte. Die Brindis waren keineswegs ein rein privates Vergnügen; man schloß Wetten ab, bestimmte die Kontrahenten, knüpfte das Gewand auf und trank, bis einer besinnungslos vom Tisch fiel. Denjenigen Gegnern, die eine Herausforderung nicht annahmen, wurde als Zeichen der Verachtung, die ihr unmännliches Verhalten hervorrief, die Kopfbedeckung aufgeschnitten.[9]

Den entscheidenden Beweis der Männlichkeit schuf aber erst der Tod. Der Tod eines Mannes sagte mehr über einen Caballero aus als dessen alltägliches Verhalten und wurde deshalb letztendlich auch als der entscheidende Indikator für dessen „Wert" angesehen.[10]

Diese besondere Betonung des Todes für die Reputation ist kein spezielles Charakteristikum der mexikanischen Gesellschaft des 16. und 17. Jahrhunderts; vergleichbare Lebensformen und Wertvorstellungen lassen sich auch in Spanien in diesem Zeitraum finden.

In beiden Gesellschaften sah sich ein Teil der Bevölkerung mit einer relativen sozialen Ohnmacht konfrontiert, welche diametral zu ihrem Selbstbild und ihren Ansprüchen stand. Der nicht zu erfüllende Anspruch nach einem würdigen Leben schlug bei vielen in Destruktivität um — die Attraktion, die der Tod auf diese Männer ausübte, ist die letzte Konsequenz davon.

Die ausschweifenden Vergnügungen der Kreolen zeugten daher oftmals weniger von einer Freude am Leben, als von der Lust am Zerstören und einem Hinstreben zum Tode.

Die Entwicklung der mexikanischen Gesellschaft veränderte auch wesentlich den sozialen Kontext, innerhalb dessen die Verhaltensformen der Kreolen ihren Platz hatten, so daß man sicherlich nicht von einer Kontinuität der Verhaltensweisen der mexikanischen Oberschichten bis in die Gegenwart sprechen kann.

Die „Bedrohung" durch das Ausland — sei sie politischer oder kultureller Art — auf die der kreolische Caballero in der hier beschriebenen Weise reagierte, hat sich allerdings auch nach der Unabhängigkeit nur zögernd verringert; nicht zuletzt darum finden sich selbst im modernen Mexiko noch Entsprechungen zum „Männerbild" des Kreolen.

HIRTEN, CABALLEROS UND CHARROS

Zur Entwicklung und Verfremdung des Mythos vom „männlichen Reiter"

In der Figur des „Charro" — ursprünglich die Bezeichnung für einen berittenen Hirten, wie es auch der Gaucho oder der Vaquero waren — leben viele Eigenschaften des kreolischen und spanischen Caballeros des 17. und des Haciendados des 18. Jahrhunderts fort. Noch in den ersten Jahrzehnten dieses Jahrhunderts war die Tätigkeit der Charros ein integrierter und wichtiger Bestandteil des mexikanischen Wirtschaftssystems. In dem „Strudel der Veränderung", der aus dem Bestreben, Mexiko zu modernisieren und in die Weltwirtschaft zu integrieren, entstand, ist auch der Charro untergegangen. Wie der nordamerikanische Cowboy und der argentinische Gaucho ist auch der mexikanische Charro heute weitgehend eine „Kunstfigur"; ein steriles Bild von Männlichkeit mit dem Ausdruck einer idealisierten Vergangenheit, die es in dieser Form nie gegeben hat. Die „Weltfremdheit" des Charro tut aber seiner Popularität keinen Abbruch; im Gegenteil: In zahlreichen Filmen und Liedern wird er idealisiert und als vorbildlich mexikanisch und männlich dargestellt.

Die historischen Wurzeln dieses Stereotyps liegen in Spanien. Dort schuf die sich immer weiter ausbreitende Rekonquista die Voraussetzungen dafür, daß sich die pastorale Wirtschaft in einem für Europa einzigartigen Ausmaß — mit Ausnahme von Ungarn, das zur selben Zeit eine ähnliche Entwicklung erkennen läßt — durchsetzen konnte.[1] Durch die Eroberung der Estremadura und Andalusiens standen den Spaniern weite, unterbevölkerte Landstriche zur Verfügung, für deren Nutzung sich die Viehwirtschaft, welche relativ wenig Arbeitskräfte benötigte, als ideal erwies. Rinder und Schafe hatten zudem den — für ein Gebiet mit unsicheren Grenzen — nicht zu unterschätzenden Vorteil, daß sie im Konfliktfall rasch in Sicherheit gebracht werden konnten.[2]

Die Viehzucht und Weidewirtschaft wurde in Kastilien — der „tierra de los bravos toro“ — und Andalusien rasch zum beherrschenden Element der Landwirtschaft. Die dort gezüchtete besonders wilde Rasse von Fleischvieh wurde von den „Vaqueros“ gehütet. Diese vermieteten sich mit ihrem Pferd auf jährlicher Basis und lebten mit dem ungebrannten Vieh in der Wildnis. Ihrem extrem rauhen und gefährlichen Leben entsprach auch die Art ihrer Vergnügungen, wie beispielsweise der Stierkampf. Ein Reisender des Spätmittelalters hat festgehalten, mit welchem Einsatz Wettkämpfe dieser Art vonstatten gingen.

Sie brachten wilde Stiere und jagten sie auf dem Marktplatz, auf ihren kleinen spanischen Pferden reitend, und warfen Speere, die sie mit sich trugen, nach dem Stier, und der, der am besten gezielt hatte und die meisten Speere geworfen hatte, war der Sieger. Diese Speere versetzten die Stiere dermaßen in Wut, daß sie die Männer angriffen und sie rammten. An diesem Tag wurden zwei als Tote weggetragen. Als das Spiel zu Ende war, griffen die Männer sich gegenseitig an, schossen mit ihren kleinen Speeren, verteidigten sich mit ihren Schilden oder fingen die Speere im Flug ab, wie es die Barbaren immer tun, wenn sie kämpfen.[3]

Das dominierende Element in der kastilianischen Wirtschaft war jedoch die transhumane Schafwirtschaft, die sowohl auf geringe Distanz, wie auch auf große Entfernungen bis zu 800 km betrieben wurde. Schafzucht war der bedeutendste Faktor in der iberischen Landwirtschaft: sie bedeutete mehr als „. . . die Oliven, Weintrauben, das Kupfer und sogar die Schätze von Peru“.[4]

Die Schafe wurden von professionellen Schäfern, den „Rabadanes“ gehütet, zu deren Alltag es gehörte, nicht nur ihre Schafe gegen die Unbillen der Natur, sondern auch sich selbst gegen die Angriffe der ansässigen Bevölkerung zu verteidigen.[5]

Ähnliche Charakteristika galten auch für die Schaf- und Rinderzucht in Mexiko, wo sich der Bestand an Vieh im 16. Jahrhundert auf geradezu unglaubliche Weise vermehrt hatte. Samuel de Champlain, der zu dieser Zeit Mexiko besuchte, war — wie viele andere Ankömmlinge — verblüfft über „große, flache, sich endlos erstreckende Ebenen, welche mit einer unendlichen Zahl von Vieh bedeckt sind.“[6]

Die riesigen Vieh- und Schafherden wurden bald zu einem drückenden Problem für die ackerbauende Bevölkerung. Noch vor der Mitte des 16. Jahrhunderts hatten sich die Schafzüchter organisiert, um gemeinsam ihre Ansprüche durchzusetzen und den gegen sie vorgebrachten Beschwerden begegnen zu können. Diese waren zahlreich, da die immensen Herden jährlich zweimal über hunderte von Kilometern getrieben wurden.

Die Eigenheiten der transhumanen Wirtschaftsform brachten mit sich, daß die Hirten zu einer isolierten, extrem mobilen Bevölkerungsgruppe wurden, die sich ebenso wie die Viehhirten mit ihrer Heimatlosigkeit und ihrem gefährlichen Lebensumständen zu arrangieren hatten.[7] Sie leben „frei und ungebunden“, aber auch mit der permanenten Bedrohung durch die Natur, Viehdiebe und eine feindlich gesinnte Bevölkerung. Allein ihre Geschicklichkeit und ihre Tüchtigkeit im Umgang mit dem halbwilden Vieh gewährleistete ihr Überleben, und vor allem diejenigen unter ihnen, welche ihre Arbeitskraft auf freier Basis vermieteten, führten ein Leben an der Grenze zwischen der „männlichen Freiheit“, die sie idealisierten, und der Verlorenheit, die ihnen drohte.

Ihr einziger Besitz ist ein zerschlissener alter Sattel, eine Stute (meist gestohlen) und ihr Harquebus (kurze Lanze)“, schrieb ein behördlicher Inspektor 1607 über Neu-Galizien. „Sie versetzen die Bevölkerung in Angst und Schrecken“, sagte ein Inspektor; „Sie nennen sich selbst Vaqueros, sie reiten mit Desjarretadera (langes, sensenartiges Messer, mit dem sie dem Stier die Sehnen durchschnitten) bewaffnet herum, sie tun sich in Banden zusammen und niemand wagt es, ihnen Widerstand zu leisten“. Ein dritter Bevollmächtigter fügte hinzu: „Sie sind flink und abgehärtet. Sie vermehren sich schnell, und es könnten Schwierigkeiten entstehen, denn Herr Soundso nimmt 300 von diesen berittenen Straßenräubern oder Cowboys in seine Dienste, und die meisten von ihnen sind mit Brustschildern, Harquebusen, Desjarretaderas und anderen Waffen ausgerüstet.“ Auf jeder isolierten Estancia (Viehfarm) hatten sie Freunde oder Komplizen;

und wenn sie wegen Wilderei verfolgt wurden, verschwanden sie spurlos in den Wüsten der nördlichen Grenzgebiete.[8]

Im Zusammenhang mit den Viehhirten kam es auch zu der wahrscheinlich erstmaligen Erwähnung des Begriffes „Macho“. Alonso Carrío de la Vandera erwähnte in seinem 1773 erschienenen Buch „El Lazarillo de Ciegos Caminantes“, daß sich die Gauchos in Argentinien „Machos“ und ihre Frauen „Machas“ nannten.[9]

Wie auch die Vaqueros, akzeptierten die Gauchos Gewalt und Rücksichtslosigkeit als etwas Normales, ja Bewunderungswürdiges, wenn damit ein gewünschtes Ziel erreicht werden konnte.[10] Es ist also anzunehmen, daß zu dieser Zeit der Begriff Macho — zumindest in Argentinien — mit den Werten und den physischen und psychischen Attributen des Gauchos assoziiert wurde.

Die mir zur Verfügung stehenden Quellen lassen nicht erkennen, ob sich die mexikanischen Viehhirten dieser Zeit ebenfalls schon „Machos“ nannten; es kann aber als gesichert gelten, daß sich ihr Selbstverständnis und Rollenverhalten weitgehend mit jenem der Gauchos deckte. Vor allem in den Viehzuchtgebieten Mexikos ist das Männlichkeitsverhalten sicherlich noch heute beeinflußt von der Lebensweise und dem „Vorbild“ des Vaquero oder Charro.

Die engen Hosen des spanischen Caballeros, der Sombrero, Stiefel, Sporen, Waffen und das Pferd sind dessen Attribute; Mut, Aggressivität, prahlerisches Verhalten und Potenz seine Wesensmerkmale. Sein Schicksal wird bestimmt vom wehmütigen Beklagen einer unerfüllten Liebe, denn trotz seiner zahlreichen Beziehungen zu Frauen — diese stellen zumindest für den „Charro des 20. Jahrhunderts“ ein wesentliches Element seiner Männlichkeit dar — ist er einsam. In der Betonung seiner Geschlechtlichkeit liegt der wesentliche Unterschied zum „asexuellen“ amerikanischen Cowboy, der — pointiert formuliert — die puritanische Ausgabe des mexikanischen Charros darstellt. Die puritanische Haltung des Cowboys wird nirgends so deutlich wie in der Verdrängung der Sexualität, ansonsten sind die Differenzen zwischen Charro und Cowboy graduell, in ihrer Gesamtheit aber doch wesent-

Abb. 13: Gaucho

Abb. 14: Gauchos vor Lehmhütte, 1865

lich: Auch der Cowboy spielt Karten, aber mit Maß und Ziel, auch der Cowboy trinkt Wassergläser voll Schnaps, aber ohne unkontrolliert berauscht zu sein oder gar über die Ungerechtigkeit der Welt zu lamentieren. Sich seinen Trieben zu überlassen, ist nicht die Sache des Cowboys.

Die realen Unterschiede zwischen dem historischen Cowboy und dem Charro waren allerdings minimal. Daß die modernen Stereotypen doch signifikant auseinanderklaffen, ist bezeichnend für die unterschiedlichen gesellschaftlichen Prozesse bei der Ausformung des nordamerikanischen bzw. mexikanischen Selbstverständnisses. Insbesondere die nordamerikanische Gesellschaft hatte ihren Viehhirten von allen „Übeln der Vergangenheit" zu reinigen, um ihn in der heutigen Form als Verkörperung amerikanischer Werte verehren zu können. Die „realen" Cowboys waren eine bunte Mischung von Rassen und Religionen, deren tabufreie Sexualität und freie Lebensform immer wieder zu schweren Konflikten mit den Städtern führte. Dieselbe Gesellschaft, die heute den Cowboy als Symbol und Vorbild auf ihre Fahnen heftet, hat ihn damals verachtet und gefürchtet.[11]

In Mexiko hat sich das Stereotyp des Charro nie derart grundlegend von seinem historischen Vorbild entfernt. Charro zu sein implizierte damals wie heute Macho zu sein. Emiliano Zapata, der wohl bekannteste Charro der jüngeren mexikanischen Geschichte, war seinen Männern als Charro und Macho ein Vorbild, wie in dem folgenden Corrido aus der Revolutionszeit zum Ausdruck kommt:

Escuchen, señores, oigan el corrido
de un triste acontecimiento:
pues en Chinameca fue muerto a mansalva
Zapata, el gran insurrecto.

...
De Cuautla hasta Amecameca,
Matamoros y el Ajusco,
con los pelones del viejo
don Porfirio se dio gusto.

...
Montado con garbo en yegua alazana
era charro de admirar;
y en el coleadero era su mangana
la de un jinete cabal.

Abb. 15: Zapata, 1911

Toca la charanga un son
de los meros abajeños;
rueda un toro por la arena,
pues Zapata es de los buenos.

Una rana en un charquito
cantaba en su serenata
¿Dónde hubo un charro mejor
que mi general Zapata?

Wo gab es einen besseren Charro
als meinen General Zapata?

...

Con jaripeo celebraba
su victoria en la refriega,
y entre los meros surianos,
que es charro, nadie lo niega.

— Cuando haya muerto, dice a un subalterno,
les dirás a los muchachos:
con l'arma en la mano defiendan su ejido
como deben ser los machos —.

Wenn ich gestorben bin, sagte er seinen Untergebenen,
sagt meinen Soldaten:
verteidigt mit der Waffe in der Hand euer ejido,
gerade so, wie Machos sein sollen.

...

Señores, ya me despido,
que no tengan novedad.
Cual héroe murió Zapata
por dar Tierra y Libertad.
A la orilla de un camino.[12]

Zapata wußte aber nicht nur, wie ein Charro zu kämpfen, sondern auch wie ein Macho zu leben, da er — wie sein ehemaliger Sekretär Palafox kritisch bemerkte, „gute Pferde, Kampfhähne, schöne Frauen, Kartenspiele und alkoholische Getränke zu sehr geliebt hatte."[13] Dabei darf aber nicht übersehen werden, daß ein Caudillo wie Zapata, dessen Führungsanspruch wesentlich durch seine charismatische Ausstrahlung gesichert war, ohne das Zurschaustellen dieser Eigenschaften für die Mehrheit seiner Gefolgsleute als Führer unakzeptabel gewesen wäre.

Wie sehr sich die Verherrlichung der Männlichkeit mit der Erwartungshaltung des Publikums deckte, zeigt sich in dem immensen Erfolg, der in den vierziger und fünfziger

José Alfredo Jiménez
Fotografía: Hermanos Mayo

Jahren dieses Jahrhunderts als Charros auftretende Sänger wie Jorge Negrete oder José Alfredo Jiménez.

Mitentscheidend für ihre Popularität war, daß sie eine Illusion verkörperten; das Bild wahrer Männlichkeit, zu dem auch sporadische Resignation und das Klagen über Verlassenheit gehörte. In ihrer „Welt" fand sich jeder reale Macho mit seinen Wünschen und Ängsten verwirklicht. Trotz der dominierenden Einflüsse moderner nordamerikanischer und europäischer Musik sind die Mariachi — eine Musikgruppe von Charros mit einem Sänger — noch immer ein bedeutendes und fest integriertes Element der mexikanischen Kultur. Carlos Monsiváis schreibt, daß sich in der Konzeption des Charros der „unsichere" Geschmack einer nationalistischen Bourgeoisie manifestiert.[14] Dies ist sicherlich ein wichtiger Aspekt, doch in den Liedern der Mariachi zeigt sich noch mehr: nämlich die Ängste und die Unsicherheit der Männer und deren Flucht vor der Realität:

Me abandonaste mujer porque soy muy pobre
y por tener la desgracia de ser casado . . .
tres vicios tengo y los tengo muy arraigados:
de ser borracho, jugador y enamorado . . .
Si tomo vino es porque a mí me gusta el trago,
si me emborracho yo a naiden le pido fiado.
Qué voy a hacer si yo soy el abandonado?
abandonado sea por el amor de Dios.
(„El abadonado" von José Alfredo.)[15]

Du hast mich verlassen, Frau, weil ich arm bin
und weil ich das Unglück habe, verheiratet zu sein . . .
Drei Laster habe ich, und die sind sehr verankert —
ich bin ein Trinker, ein Spieler und ein Frauenheld . . .
Wenn ich trinke, dann weil es mir gefällt, und
wenn ich betrunken bin, dann bitte ich niemanden um etwas.
Was soll ich machen, da ich der Verlassene bin?
So möge ich denn der Verlassene sein,
oh Du großer Gott.

Exkurs: Geschlechterrollen in mediterranen Hirtenkulturen

Nomadisierende Weidewirtschaftsgesellschaften im Mittelmeerraum lassen deutlich polarisierte Geschlechterrollen erkennen, welche sich — bedingt durch die ökonomischen, geographischen und politischen Besonderheiten dieser Region — durch ein betont aggressives und kriegerisches männliches Rollenverhalten auszeichnen. Ihre Wirtschaftsform läßt weder permanente Rechte auf Weideland noch einen abgesicherten Anspruch auf Wasserstellen zu; die Grenzen zu anderen pastoralen oder agrarischen Gruppen bleiben fließend und sind somit eine Quelle ständiger Konflikte. Die damit verbundenen Gefahren für den Viehbestand können sowohl passiver Natur sein, indem fremdes Vieh die natürlichen Ressourcen vermindert, wie auch aktiver durch Viehdiebstahl. Bis zu dem Zeitpunkt, als sich das staatliche Recht verstärkt durchzusetzen begann, war Viehdiebstahl kein unehrenhaftes Delikt, sondern trug im Gegenteil wesentlich dazu bei, das Ansehen des Täters zu erhöhen. Er stellte eine wichtige Möglichkeit dar, die Benachteiligung einer Gruppe gegenüber einer anderen auszugleichen.[16]

Der Zugang zu Wasser und Gras für das Vieh, und auch dessen Besitz, hängt hauptsächlich von der Fähigkeit der Gruppe ab, sich diesen mit Gewalt oder unter Androhung von Gewalt gegenüber anderen zu verschaffen und daraufhin zu verteidigen. „Besitz ist rechtmäßig, im Sinne, daß Besitz den Lebensbereich sichert", schildert Jane Schneider in ihrem Artikel „Of Vigilance and Virgins. Honor, Shame and Access to Resources in Mediterranean Societies"[17] die daraus resultierenden Konsequenzen.

Es ist legitim, alles, was über den unmittelbaren Besitz einer Gruppe hinausgeht, für sich zu beanspruchen, doch werden diese Errungenschaften wiederum von all jenen bedroht, welche noch stärker, geschickter oder rücksichtsloser sind. Besitz ist kein Recht sondern ein permanentes Erobern.[18]

Die hier beschriebenen Charakteristika bilden die Grundlage für die Erwartungen, welche von der Gemeinschaft an die Männer gestellt werden und prägen deren Vorstellung von der Männlichkeit. Männlich sein heißt: Loyalität der eigenen Gruppe gegenüber, die Fähigkeit, als Familienvorstand permanent wichtige Entscheidungen zu treffen und die dafür notwendigen Informationen zu erlangen, das Demonstrieren von Kampfes- und Verteidigungsbereitschaft, Kraft, Geschicklichkeit und Überlegenheit über andere, sowie die Bereitschaft, auf jede Aggression von außen notfalls auch mit Gewalt zu reagieren. Die kriegerischen Fähigkeiten der Männer tragen wesentlich zur Überlebensfähigkeit der Gruppe bei und werden somit zum Ideal.

Insbesondere der absolute Vorrang der Loyalität jedes Familienmitgliedes der Gruppe gegenüber vor allen individuellen Interessen unterscheidet diese Form von „Männlichkeit" signifikant von jener des machistischen Mannes. Individualismus ist in diesen Hirtengesellschaften keine Tugend; der für sich allein verantwortliche Mann kein Vorbild. Die hier geforderte Solidarität mit der Gemeinschaft, ohne die der einzelne nichts „ist" und nichts besitzt, kontrastiert mit dem Selbstverständnis des Machos.

Da kämpfen, sowohl offensiv wie defensiv, eine ausschließlich männliche Tätigkeit ist, werden sämtliche öffentlichen Bereiche — die ja immer potentielle Kampfgebiete sind — zur ausschließlich männlicher Sphäre.[19]

Als Schutz vor deren Bedrohung dient dem Mann nicht nur seine persönliche Stärke, sondern auch das Ansehen seines Familienverbandes. Dies bedeutet aber wiederum, daß in jeden Zwist die gesamte Verwandtschaftsgruppe miteinbezogen wird, da die Verunglimpfung der Ehre eines einzelnen auch die Gruppe als Ganzes beleidigt. Zeigt diese wenig Bereitschaft, auf den Angriff auf eines ihrer Mitglieder zu reagieren, wird dies auch mit mangelnder Fähigkeit, den Besitz zu verteidigen, assoziiert.

Dieses Dilemma, ständig Stärke und Überlegenheit zu demonstrieren, gleichzeitig sich von anderen Männern, welche sich ähnlich verhalten, nicht beleidigen zu lassen, schafft unter Männern ein derart kompliziertes und zwiespältiges Beziehungssystem, das nur etwas gemildert werden kann, indem sie auch den oberflächlichen Kontakt zu potentiellen Gegnern abbrechen, oder mittels Tabus und institutionalisierter Verhaltensweisen versuchen, entehrende Situationen zu vermeiden.

Die Verhaltensnormen der Frauen werden von noch restriktiveren Zwängen bestimmt als jene der Männer. Frauen werden nach Möglichkeit vollständig von der Welt außerhalb des Familienverbandes isoliert. Frauen sind jenes „Gut“, welches von den Männern als am meisten gefährdet angesehen wird, — Entführungen und Fluchtversuche von Frauen waren bzw. sind häufig — da sie sowohl die Grundlage der Macht der Gruppe darstellen — sie können viele Söhne gebären — wie auch deren Wohlstand sichern.[20]

Da in der Mehrzahl dieser pastoralen Gesellschaften die Familienverbände die ökonomische Einheit bilden, bedeutet jede Frau auch einen wichtigen Zuwachs an Arbeitskraft und muß deshalb auch ihrer elterlichen Familie durch einen Brautpreis abgegolten werden. Nach der von den Eltern arrangierten Heirat wechselt die Braut in den Clan ihres Ehemannes über, zu dem sie bis dahin keine Verbindung gehabt hat. Ihre Umgebung besteht forthin aus den männlichen Verwandten ihres Ehemannes, anderen eingeheirateten Frauen, mit denen sie bis dahin nicht verwandt war, und unverheirateten Mädchen, welche nur bis zu ihrer Heirat in der Familie bleiben.[21]

Michaelson und Goldschmid argumentieren[22], daß aus dieser Situation der Frau eine besonders starke Mutter-Kind-Beziehung resultiert, da die neue Familie der Frau sich ihr gegenüber vorerst abweisend verhält und ihr öffentlich kaum Anerkennung zukommen läßt. Erst mit der Geburt von Kindern — bevorzugterweise von Söhnen — bekommt sie eine tiefere Beziehung zur Familie, verstärkt positive Affekte (von den Kindern) und ein höheres soziales Ansehen. Diese Bedeutung der Kinder für die Frau fördert wiederum eine ausgeprägte Abwehrhaltung der Mütter gegen neu in die Familie tretende Ehefrauen der Söhne.

Mangelnde positive Zuwendung der neuen Gemeinschaft, konkurrierendes Verhalten der anderen Frauen, die oftmals sehr intensive Bindung zu ihrem elterlichen Clan und die Tabuisierung der öffentlichen Sphäre, die es Frauen unmöglich macht, aus dem Ansehen der Gruppe persönliche Befriedigung zu ziehen, schwächen die Solidarität der jungen Ehefrauen zu ihrem Familienverband.[23] Diese unbedingte Solidarität ist aber unbedingt vonnöten; jedes Individuum hat zugunsten der Gruppe persönliche Interessen zurückzustellen. Männer ordnen sich diesem Anspruch allerdings leichter unter, da sie auch vom Gruppenansehen in der Öffentlichkeit profitieren, d. h. je mehr Ansehen eine Verwandtschaftsgruppe innehat, desto höher ist auch das Selbstwertgefühl des einzelnen, da sich individuelle und kollektive Ehre weitestgehend decken.

Frauen haben kaum Möglichkeiten, direkt von diesem Sozialprestige zu profitieren; ihre Ehre besteht hauptsächlich darin, das Ansehen der Gruppe nicht zu schmälern. Als stärkster Affront gegen dieses Ansehen wird von pastoralen Gesellschaften sexuelles Fehlverhalten der Frauen gewertet. Voreheliche Sexualität der Tochter oder Untreue der Ehefrau können zur existenziellen Bedrohung der Gruppe werden, da dies in besonderem Maße die Unfähigkeit der Männer zum Ausdruck bringt, ihren „Besitz" zu verteidigen.[24]

NATIONALISMUS UND MACHISMO

Zur kulturellen Bedrohung des Selbstwertgefühls

Das Minderwertigkeitsgefühl der Kreolen aufgrund der Überbewertung der europäischen Kultur — der „Criollismo", wie es der mexikanische Philosoph Leopoldo Zea nennt[1] — veränderte sich nach der erfolgreichen Loslösung von der Kolonialmacht nicht wesentlich. Mit der Unabhängigkeit kam es auch zu einer kulturellen Abwendung Mexikos von Spanien, doch diese mündete nicht in eine „kulturelle Befreiung" von Europa. Im 19. Jahrhundert bewunderte die mexikanische Oberschicht die englische Wirtschaft und verehrte französischen Lebensstil und französische Kultur. Die Ignoranz der eigenen kulturellen Werte und die kritiklose Imitation des französischen Vorbilds blieb nie unwidersprochen, doch die vorgebrachten Bedenken fruchteten wenig. Noch im Jahre 1934 sah sich Jorge Cuesta, ein bedeutender mexikanischer Essayist und Schriftsteller, veranlaßt, auf diesen Mißstand hinzuweisen:

Unsere Kultur ... ist französisch ... die französische Denkart ist der bedeutendste Einfluß, den unsere nationale Kultur erfahren hat; dieser Einfluß ist offensichtlich in unserer Literatur, der Kunst, dem Bildungswesen, der Politik und der Justiz — das heißt in allen Bereichen unserer Hochkultur; sicherlich war unsere Gesellschaft gegenüber dieser Geisteshaltung, in welcher sich eine kleine Minderheit wiederfindet, welche mit Recht als fremd und nicht verwurzelt in der großen Masse der Bevölkerung bezeichnet werden muß, mehr als unkritisch. Aber man muß auch darauf hinweisen, daß außerhalb dieser kleinen Minderheit die mexikanische Nation niemals eine echte, eigene Existenz gehabt hat. ... Was die internen Faktoren unserer Tradition betrifft — d. h. die präkolonialen und die spanischen Einflüsse — behaupte ich, daß sie unserem nationalen Bewußtsein nicht nur indifferent, sondern sogar anhaltend feindlich gegenübergestanden sind; und es erforderte einen ständigen Kampf gegen diese inneren Widerstände, um schließlich dieses Bewußtsein der Eigenständigkeit und des eigenen Wesens durchzusetzen.[2]

Diese Schwierigkeiten, die eigene nationale Kultur anzunehmen und sich von der französischen abzugrenzen, blieben jedoch bis in die ersten Jahrzehnte des 20. Jahrhunderts auf einen relativ kleinen Teil der Bevölkerung beschränkt; die große Masse der Mexikaner lebte in einem sozialen Umfeld, in dem „französische Kultur" nicht einmal als Begriff präsent war.

Strukturwandel bei den Gesellschaftsklassen in Mexiko, von 1895 bis 1940 (nach Iturriaga)

Soziale Klassen	1895 Absolute Zahlen	1895 %	1940 Absolute Zahlen	1940 %
Gesamtbevölkerung	12,698.330	100,00	19,635.552	100,00
Oberklassen	183.006	1,44	205.572	1,05
Städtisch	49.542	0,39	110.868	0,57
Ländlich	133.464	1,05	94.704	0,48
Mittelklassen	989.783	7,78	3,118.958	15,87
Städtisch	776.439	6,12	2,382.464	12,12
Ländlich	213.344	1,66	736.494	3,75
Untere Klassen	11,525.541	90,78	16,329.022	83,08
Städtisch	1,799.898	14,17	4,403.337	22,40
Ländlich	9,725.643	76,61	11,925.685	60,68 [3]

Mit dem wirtschaftlichen Aufschwung Mexikos, der sukzessive einen zunehmenden Anteil der Landbevölkerung aus seiner abgeschlossenen Welt herauslöste, und dadurch, daß die USA an die Stelle Frankreichs als bewunderte Nation traten, nahm auch die Zahl derjenigen rasch zu, die von der Problematik der Abgrenzung und des Vergleichs betroffen war.

Die anfänglichen militärischen Niederlagen Mexikos gegen die USA und deren allgegenwärtige wirtschaftliche wie kulturelle Präsenz lassen heute den Großteil der Mexikaner ein Gefühl der Unterlegenheit gegenüber einer anderen Nation empfinden.

Der Einfluß des mächtigen Nachbarn aus dem Norden ist inzwischen in allen sozialen Bereichen spürbar und wird auf vielen Gebieten auch als bedrohlich wahrgenommen. In dem gebräuchlichen Sprichwort „Armes Mexiko, so weit von Gott und so nahe bei den USA“ kommt dies klar zum Ausdruck.

Zahlreiche mexikanische Autoren haben dieses „Minderwertigkeitsgefühl“ — „Inferiority-Komplex“ nennt es Samuel Ramos in Anlehnung an die Terminologie von Alfred Adler — beschrieben und als Erklärungsmuster für viele mexikanische Charakteristika verwendet.

Ramos schreibt in seinem 1930 erschienenen und mittlerweile zum Klassiker gewordenen Buch, daß dieser „Inferiority-Komplex" zwar überall auf der Welt auftritt, in anderen Ländern aber nur einzelne betreffen soll, während er seiner Meinung nach in Mexiko die Ausmaße eines kollektiven Mangels angenommen hat.[4]

Die Frage, ob hier die Bedeutung kultureller Konflikte nicht überinterpretiert wird, ist nicht eindeutig zu klären; als sicher kann aber gelten, daß sich Mexiko nach der Unabhängigkeit aufs Neue mit großen Schwierigkeiten — die nationale Identität, die Integration aller Bevölkerungsgruppen und das nationale Selbstbewußtsein betreffend — auseinandersetzen mußte. Im 16. Jahrhundert war es in erster Linie die Kirche, welche Angebote für ein Mindestmaß an Integration schuf; der Kult um die Jungfrau von Guadalupe ist das deutlichste Beispiel, wie geschickt Kirche und Staat sich religiöse Elemente für den Aufbau eines Gemeinschaftsgefühls nutzbar machten, und wie wirksam diese sein konnten. In den postrevolutionären, von staatlicher Seite vorgetragenen Bemühungen um ein Nationalbewußtsein, kamen religiöse Inhalte dagegen kaum zu Tragen.

Die deutlichste Konsequenz dieser Suche des modernen Mexikos nach seinem „Ich" war die Wiederbesinnung auf die indianische Vergangenheit und deren kulturelle Leistungen, welche in den Arbeiten der mexikanischen Moralisten wie Diego Rivera oder José Clemente Orozco zum Ausdruck kommt. Symbole und Identifikationsfiguren wurden geschaffen, um die Eingliederung des indianischen Elements in die gegenwärtige mexikanische Kultur zu erleichtern. Die Emotionalität der Auseinandersetzung um die angeblichen Gebeine des letzten Aztekenherrschers Chautemoc macht deutlich, welchen Rang historische und auch fiktive Identifikationsfiguren in diesem nationalen Selbstfindungsprozeß einnahmen.

Drei Jahre nach der Wiederauffindung der Gebeine von Hernan Cortéz im Jahre 1946 wurden auch die sterblichen Überreste von Chautemoc entdeckt, und sogleich als Kultobjekt verehrt. Als 1950 Experten den Fund als nicht authentisch erklärten, führte dies zu einer heftigen Entrüstung der Öffentlichkeit. Die Verteidiger des Echtheitsanspruches des Fundes sahen sich selbst als die wahren Patrioten, und die kritischen Experten wurden in den Medien als nationale Verräter beschimpft.[5]

Als zusätzliches Element neben der Verknüpfung der jüngeren Geschichte mit der präkolumbianischen Vergangenheit kam auch der Folklore in diesem „Selbstfindungsprozeß“ eine besondere Bedeutung zu.

Ihre positive Auswirkung auf die Stärkung des Nationalbewußtseins wurde vor allem in den vierziger Jahren — nachdem die Schockwellen der Revolution verebbt und die zentralistische Regierung stabilisiert war — unter Präsident Camacho erkannt und genützt. Damit kam es aber auch zu einer Stereotypisierung dessen, was als typisch mexikanisch galt. Radio, Fernsehen und die expandierende Plattenindustrie propagierten folkloristische Klischees, und die Politiker und die Verwaltung untermalten Veranstaltungen und nationale Feiern mit folkloristischen Elementen, die allen Mexikanern gemein sein sollten. Regionale und ethnische Eigenheiten waren in dem auf Stereotypen fixierten, kulturellen Nationalismus nicht willkommen.

Es ist kein Zufall, daß gerade in dieser Zeit auch der Begriff „Macho“ und seine Ableitungen eine besondere Verbreitung erfuhr; der Typus des Machos wurde in kurzer Zeit zu einem der augenscheinlichsten Leitbilder Mexikos. Die machohafte Art Mann zu sein, transzendierte sich zum „Mexikaner-sein“ überhaupt und ein Mann, der dieser Form von Männlichkeit nicht entsprechen konnte oder wollte, wurde nicht nur als unmännlich, sondern auch als „unmexikanisch“ verachtet und öffentlich als Hindernis für die nationale Entwicklung gebrandmarkt.

Im Hinblick auf den Versuch, die öffentliche Verwaltung zu reinigen, schlagen wir vor, daß hierbei auch jene Personen mit zweifelhafter Moral erfaßt werden, die öffentliche Posten innehaben und die mit ihrem verweiblichten Verhalten — das noch dazu ein strafbares Delikt darstellt — eine Atmosphäre der Korruption schaffen, die so weit geht, daß sie die Festigung männlicher Tugenden in der Jugend verhindert ... Wenn man schon die Präsenz des Fanatikers und des Reaktionärs in den öffentlichen Ämtern bekämpft, so muß man sich auch gegen die Präsenz des Hermaphroditen wenden, welcher unfähig ist, sich mit jenen, die an der gegenwärtigen Reform arbeiten, zu identifizieren.

(Manifest einer Gruppe mexikanischer Intellektueller vom 31. Oktober 1934. Unter den Unterzeichnenden: José Ruben Romero, Mauricio Magdaleno, Rafael F. Muñoz, Mariano Silva y Aceves, Renato Leduc, Juan O'Gorman, Xavier Icaza, Francisco L. Urquizo, Ermelio Abreu Gómez, Humberto Tejera, Héctor Pérez Martinez y Julio Jiménez Rueda.)[6]

Pamphlete wie dieses stellten nur die Spitze einer Kampagne gegen Abweichungen von der „männlichen Norm" dar. Deutlich spiegeln sie die damals verbreitete Angst wider, daß durch „unmännliches" Verhalten auch das „Wesen" Mexikos in Frage gestellt würde.

Der Nebeneffekt des Machismo als nationales Identifikationsmuster und die damit verbundene folkloristische Aufarbeitung ist somit weitgehend ein Produkt des 20. Jahrhunderts. In der Gegenwart zeigt sich die Bedeutung, welche das Rollenstereotyp des Machos für die Bewahrung der Identität einnimmt — vielleicht noch deutlicher als in Mexiko selbst — bei den Chicanos, den in den USA lebenden Mexikanern.[7]

Der mexikanische Macho wird zum Thema der Trivialliteratur und der Filmwelt, zur Touristenattraktion, und verteidigt — in Mexiko wie im Ausland — mit Sombrero und enganliegenden Hosen mit Silberspangen verkleidet, das wahre Mexikanertum gegen den ausländischen Einfluß. „In erster Linie bin ich Mexikaner" singt der Schauspieler Joaquin Pardave in dem gleichnamigen Film aus dem Jahre 1950:

Si me gustan los hot cakes
digo hello sin dar la mano
y aunque pida ham and eggs,
¡Primero soy mexicano!
No hot cakes sino tortillas,
Ham and eggs tampoco hermano;
¡Primero soy mexicano!
de esos que hay para semilla.
Ancho charro y no texano
guayabera y no chamarra;
la moda a mí no me agrada
¡Primero soy mexicano![8]

Wenn mir auch die hot cakes schmecken
und ich hello sage, ohne die Hand zu schütteln,

und obwohl ich ham and eggs bestelle,
in erster Linie bin ich Mexikaner.
Keine hot cakes sondern tortillas,
auch keine ham and eggs, Bruder.
In erster Linie bin ich Mexikaner!
...

Die Figur des Macho ist aber nicht nur ein Symbol des Nationalcharakters, sondern formuliert gleichzeitig auch eine bestimmte Erwartung an die Nation; nämlich stark, selbständig, unabhängig und unbeugsam zu sein.

Ein seit dem 16. Jahrhundert kulturell, wirtschaftlich und über lange Phasen auch politisch unterdrücktes Staatsgebilde reagiert hier auf die erlittene Repression mit dem Anspruch, „männlich" zu sein.

Das Selbstverständnis des Mexikaners orientiert sich am Männlichkeitsverhalten seiner Führer als Repräsentanten der Nation, und diese sind bestrebt, sich dessen Loyalität und Zufriedenheit zu sichern, indem sie ihm das Gefühl geben, Mitglied einer mächtigen Gemeinschaft zu sein. So und nicht anders ist die folgende Aussage des gegenwärtigen Präsidenten de la Madrid anläßlich seines alle drei Jahre stattfindenden Berichtes an die Nation zu interpretieren: „Wir sind eine Nation von Siegern, nicht von Besiegten."[9]

DIE MÄNNLICHKEIT DER POLITIK

Zwei Machtgruppen teilen sich im wesentlichen die staatliche Macht im postrevolutionären Mexiko. Hierbei handelt es sich allerdings nicht um zwei politische Parteien verschiedener Ausrichtung, sondern um eine, das politische Leben beherrschende Partei — die PRI — und eine enorm ausgeweitete technokratische Bürokratie.

Dieser „Kaste" von Technokraten und Verwaltungsbeamten steht — bald als Verbündete, bald als Rivale — eine große Gruppe von Politikern und deren Günstlinge gegenüber, welche miteinander durch Verwandtschaft, Freundschaft, Gevatterschaft, Landsmannschaft oder andere persönliche Beziehungen verbunden sind. Alle sechs

Jahre, wenn ein neuer Präsident an die Macht kommt (das Präsidentenamt ist nicht wiederwählbar), erneuert sich diese Gruppe, doch kein Staatschef hat es bis heute versäumt, die Schlüsselstellen der Macht gleich einem Familienbesitz mit ihm nahestehenden Leuten zu besetzen.

López Portillo, der in Mexiko von 1976—1982 Präsident war, ist hier nur ein Beispiel unter vielen: Seinen Sohn José Ramon ernannte er zum stellvertretenden Budget- und Planungsminister; seine Geliebte Rosa Luz Alegría zur Tourismusministerin. Eine seiner Schwestern — Alicia — wurde seine Privatsekretärin und eine andere — Margarita — erhielt den einflußreichen Posten des Generalsekretärs für Rundfunk, Fernsehen und Kinematographie. Seine Frau Carmen Romano leitete neben dem Familienministerium auch den Kulturförderungsfonds FONAPAS und das Kulturfestival von Guanajuato, sein Cousin Guilermo das Nationale Sportinstitut, und ein anderer Cousin war stellvertretender Gesundheitsminister.[1]

Die Selbstverständlichkeit, mit der Portillo seine Position zum Vorteil seiner Angehörigen nützte, hat in Mexiko eine lange, ungebrochene Tradition, die nicht verstanden werden kann, ohne die Institution der Hacienda zu berücksichtigen.

Noch im ersten Jahrzehnt dieses Jahrhunderts lebte die Masse der mexikanischen Bevölkerung in einer Abhängigkeit von den Großgrundbesitzern, die sich mit jener im europäischem Feudalismus des 17. Jahrhunderts vergleichen läßt.

Gesamtbevölkerungszahl Mexikos: 12,698.330
Landbevölkerung im Jahre 1895:

Art der Beschäftigung	Erwerbstätige und ihre Familienangehörigen	%
Landarbeiter	7,852.842	80,74
Pächter	649.485	6,68
landw. Handwerker	314.608	3,23
ländl. Handwerker	70.026	0,72
Andere Berufe	838.682	8,63
Insgesamt:	9,725.643	100 [2]

Das System der Hacienda war geprägt von einer rein persönlichkeitsorientierten Form von Herrschaft; der Patron verkörperte die Macht, welche über das Wohl des Peones (des Landarbeiters) entschied. Solange dieser sich wohl verhielt, bekam er seine Belohnungen: Geld, Schnaps, etwas Land. Provozierte er aber den Unmut des Besitzers, wurde er bestraft. Da allein der Patron besondere Vorteile vergeben konnte, war die persönliche Beziehung zu ihm für den Peon entscheidend. Mit einer „Schau von Unterwürfigkeit und einer Pantomime von Dienstbereitschaft“[3] mußte der Peon versuchen, die unerreichbare Person des Patrons auf sich aufmerksam zu machen. Dieser Kampf um Wohlwollen und Unterstützung geschah allerdings immer in Konkurrenz mit den anderen Peones, und jeder errungene Vorteil ging auf Kosten der anderen. Der abhängige Peon setzte seine Hoffnungen in die Person seines Herrn, der wiederum ein Mindestmaß an „väterlicher“ Verantwortung für den Peon zu übernehmen hatte.

Diese Qualität der Macht hat sich tendenziell bis in die Gegenwart erhalten und bestimmt die Interaktion von Untergebenen und Mächtigen, die ihren „persönli-

Abb. 18: Ein „haciendado“ und sein „mayordomo“

chen" Umgang mit der ihnen verliehenen Macht immer noch mit der „kindlichen" Unmündigkeit der Masse der Bevölkerung rechtfertigen.[4]

Das Privileg des Präsidenten und anderer hochrangiger Politiker, den Staat (oder zumindest Teile davon) wie ihr Patrimonium zu verwalten, wird im modernen Mexiko aber nicht mehr mittels der Erbfolge vergeben; der parteiinterne Erfolg eines Politikers wird von seiner Geschicklichkeit im Umgang mit noch Mächtigeren und von der Anzahl ihm loyaler und einflußreicher Anhänger bestimmt. Seine Wirksamkeit auf die Masse der Bevölkerung hängt in erster Linie von seiner Persönlichkeit ab; Charisma und Eloquenz zählen mehr als politische Programme, wobei die jeweilige politische und ökonomische Situation einen maßgeblichen Einfluß darauf hat, ob mehr technokratische, väterliche oder machohafte Charakteristika in der Ausstrahlung der Führer dominieren.[5] Der „Personalismo" (der Persönlichkeitskult) ist seit der Unabhängigkeit Mexikos — unabhängig von den zahlreichen politischen Änderungen — ein beherrschendes Element der politischen Kultur geblieben. Dieser ist von dem Rollenverhaltensmuster des Machismo nie völlig zu trennen; am deutlichsten kommen die Werte des Machismo aber in einer schon vergangenen Form von persönlichkeitszentrierter Machtausübung zum Tragen: dem „Caudillismo".

Der Caudillo — der Führungsanspruch des männlichsten Mannes

Zum politisch bedeutsamen Faktor wurde der Caudillismo vor allem ab dem 19. Jahrhundert, obwohl sich seine Wurzeln bis ins Spanien des 13. Jahrhunderts zurückverfolgen lassen.[6]

Politisch gesehen ist der lateinamerikanische Caudillismo ein Produkt der Unabhängigkeitskriege. Während dieser Periode hatte sich ein beträchtlicher Teil der Bevölkerung an den Gebrauch von Waffen gewöhnen müssen, und Anführer hatten sich etabliert. Die anarchistischen Zustände nach der Unabhängigkeit und die anhaltende soziale Ungerechtigkeit verhinderten, daß sich diese Gruppen, deren Existenz mehr einer Gegenreaktion auf einen sich allmählich etablierenden Staat als einem politischen Konzept entsprang, auflösten.

Diese Zweitrangigkeit eines politischen Zieles vor dem Hintergrund des Kampfes um das persönliche Überleben und Wohlergehen bestimmte auch die Erwartungen, welche in die jeweiligen Führer gesetzt wurden. Ein Caudillo hatte in erster Linie „muy hombre" — ein „richtiger Mann" zu sein; d. h. entscheidend für seine Stellung war nicht, daß er die politische Position seiner Gefolgsleute vertrat, sondern daß er jene Qualitäten verkörperte, welche diese bewunderten und auch für sich selbst wünschten. So konnten noch während der Revolution die verschiedenen Machtgruppen darauf vertrauen, daß, wenn es ihnen gelang, einen höheren Offizier dem Gegner abzuwerben, mit ihm auch seine Truppen das Lager wechselten. Der amerikanische Konsul in Piedras Negras beschrieb 1927 die Beziehungen der mexikanischen Soldaten zu ihren Kommandanten als „fast jene feudaler Gefolgsleute"[7]. Dies bestätigt die Behauptung von General Tiburcio Cuellar, der berichtete, daß ihm seine Leute „de cariño" — aus Zuneigung — überallhin gefolgt seien.[8] So erscheint es nur logisch, daß auch die einzelnen Verbände oftmals keine Einheiten mit militärischen Bezeichnungen bildeten, sondern Namen ihrer Anführer erhielten, deren militärischer Grad wiederum von der Anzahl der ihnen ergebenen Leute abhing. So nannte man die Truppe unter dem Kommando des Obersten Sixto Ugalde „die Leute von Don Sixto", jene von Oreste Pereyra „die Leute von Don Oreste".[9]

Die Priorität, welche die Kämpfer der Persönlichkeit der von ihnen gewählten „Jefes" beimaßen, kommt auch in den Filmen und Romanen über die Revolutionszeit zum Ausdruck. Die Protagonisten in „Los de abajo" von Mariano Azuela beispielsweise oder jene des wohl bekanntesten Films über die Revolution, „Vamonos con Pancho Villa" (Reiten wir mit Pancho Villa) von Fernando de Fuentes, beziehen ihre Motivation primär aus der Identifikation mit ihren Anführern und ihrem männlichen Ehrenkodex. In mehreren Szenen von „Vamonos

Abb. 19: „Calavera Zapista“ von Posaca sind jene populären Darstellungsformen, bei denen Personen und Vorfälle ins Totenreich transportiert werden.

con Pancho Villa“ wird deutlich, daß Villa ein Vorbild von Männlichkeit ist, dem die anderen nacheifern wollen, und daß dies sie letztendlich dazu bewegte, unter seinem Kommando an den Revolutionskämpfen teilzunehmen.[10] So wurde die Revolution noch zusätzlich zu einem „círculo de muerte“, zu einem gewalttätigen Spiel, das gespielt wurde, um die Männlichkeit zu beweisen und oftmals in sinnloser Destruktivität endete.

In einer der letzten Sequenzen des Films — der bezeichnenderweise *„Vamonos con Pancho Villa“* und nicht *„Vamonos con la Revolución“* heißt — stirbt eine der Hauptfiguren an einer Mutprobe in der Art des „Russischen Roulettes“: Eine Pistole wird in einem Kreis von 13 Männern in die Luft geworfen, bis sich ein Schuß löst. Verwundet wird dabei einer der „Helden“. In der Gefahr, als Feigling bezeichnet zu werden, da der Schuß jenen treffen soll, der am meisten Angst hat, erschießt er sich selbst mit den Worten: „Fíjense como muere un León de San Pablo" — „Sehen Sie, wie ein Löwe von San Pablo (sein Heimatort) stirbt". Da der Caudillo nicht eine politische Richtung — über die sich diskutieren ließe — vertrat, sondern durch sein Charisma zum Anführer gemacht wurde, stellte jede Kritik an ihm auch seinen Führungsanspruch in Frage. Die in Mexiko oft zu hörende Redewendung „Quien no esta conmigo, esta contra mi" — „Wer nicht mit mir ist, ist gegen mich" — erhielt hier eine absolute Bedeutung. Ein Mann wurde zum Führer auserkoren, weil er der Fähigste, der Männlichste, der Überlegene war; diese Qualitäten hatte er aber auch immer wieder unter Beweis zu stellen. Seine Beziehung zu den Gefolgsleuten war nicht die einer „unorganischen Demokratie"[11], wie des öfteren beschönigend angenommen wird, sondern streng hierarchisch. Die Macht des Führers ersetzte die nichtbestehenden Gesetze und sein Durchsetzungsvermögen stand reziprok zur Passivität seiner ihm unterstellten Gruppe.

Gerechtigkeit — und sei es nur beim Verteilen der Beute — war kein Wert, den die Gefolgsleute von ihrem Caudillo unbedingt erwarteten. Er verkörperte vielmehr in seiner Person die Männlichkeit der ganzen Gruppe und mit seiner Macht, die Beute an sich zu reißen, seinen Erfolgen im Kampf gegen andere Männer, und auch durch seine Erfolge bei Frauen erhöhte er immer auch den männlichen Wert jedes einzelnen Mitglieds.

In Mexiko wurde der Caudillismo während der Revolution noch einmal — und hier besonders bei den „aufständischen" Truppen — zu einer politisch entscheidenden Kraft. Trotz dieses erneuten Aufflackerns war aber doch der Zenit der Caudillo-Bewegungen überschritten, da ihnen die veränderte politische Situation und die Schaffung eines regulären Heeres den Nährboden entzog.

Ursprünglich waren Caudillismo und Militarismus zwei Begriffe für kaum zu differenzierende Inhalte, doch mit der allmählichen Konsolidierung des Staates wurde auch das Heer zu einer zentral gelenkten Institution, die nur noch selten für einzelne Caudillos oder sich bekämpfende Provinzen Partei ergriff.[12] Neue Waffentechnologien, die zunehmende Bedeutung der Verkehrsmittel und die Einführung des Telegrafen, vor allem aber die Führung durch ein Offizierskorps trugen dazu bei, daß sich die Einheiten der Caudillos und die Armee sowohl in der äußeren Erscheinung wie auch in ihrer inneren Struktur allmählich empfindlich unterschieden. Dadurch, daß die Kommandanten des regulären Heeres häufig versetzt wurden, ohne daß die ihnen unterstellten Truppen diesen Wechsel mitmachten, wurde der Beziehung zwischen diesen viel von ihrem klientelistischen Charakter genommen. Die den Soldaten fremden Offiziere begründeten ihren Anspruch zu befehlen nicht mehr mit ihrer überlegenen Männlichkeit — Vergleiche zwischen Offizieren und Soldaten wurden von vornherein ausgeschlossen —, sondern mit dem ihnen verliehenen Status als Offizier. Dementsprechend wurde auch der gemeine Soldat nicht als Person wahrgenommen, und „Zucht und Ordnung" vor persönlichen Ausdruck gestellt. Diese der Organisation einer Armee immanente Konzeption verlangt von dem einzelnen ein Selbstverständnis, welches sich von den Inhalten des Machismo wesentlich unterscheidet.[13] Allerdings darf diese Entwicklung der Armee nur als Tendenz verstanden werden; in Mexiko hat sich zu keiner Zeit ein Militarismus durchsetzen können, der auch die Kraft gehabt hätte, Staat und Gesellschaft zu bestimmen. Sowohl in ihrer Form wie auch in ihrer Funktion unterschieden sich die mexikanischen Truppen von denen eines modernen Heeres, wie etwa jenes des willhelminischen Deutschlands. Mit ihrem Troß von Frauen und Kindern glichen sie wahrscheinlich mehr den Landsknechtstruppen des 16. Jahrhunderts als den zeitgenössischen deutschen Bataillonen, und keiner Regierung gelang es während der Revolution, ihre Befehlsgewalt gegenüber den persönlichen Loyalitätsbeziehungen der Soldaten zu ihren Befehlshabern unangefochten durchzusetzen.[14]

Die Zeit der „traditionellen" Caudillos neigte sich jedoch mit dem Ende der Revolution unwiderruflich ihrem Ende zu. Der sukzessiven Beschneidung ihrer Macht durch das Heer hatten sie nichts gleichwertiges entgegenzusetzen. Ein Teil von ihnen konnte sich noch über längere Zeit als Anführer kleinerer Banden behaupten, viele starben einen gewaltsamen Tod, und den Erfolgreichen unter ihnen gelang es, sich mit dem etablierenden politischen System zu arrangieren.

Der Widerspruch von Machismo und Demokratie

Trotz einiger — sich aufdrängender — Parallelen ist die Form der Machtausübung des mexikanischen Präsidenten natürlich weit von der eines Caudillos entfernt. Als gewählter höchster Repräsentant des Staates ist er der politischen Konzeption zufolge nicht der Führer einer Gruppe oder sozialen Schicht, sondern Symbol der nationalen Einheit und Vertreter aller Mexikaner.

Die ihm in dieser Eigenschaft verliehene Macht ist praktisch unbegrenzt; weder Legislative noch Exekutive haben darauf nennenswerten Einfluß. Octavio Paz vergleicht ihn mit dem konstitutionellen römischen Diktator, nur mit dem einen Unterschied, daß dieser sein Mandat auf sechs Monate begrenzt erhielt, während jenes des mexikanischen Präsidenten sechs Jahre gültig ist.[15]

Mit der Figur des Caudillo hat der gewählte Präsident ein wesentliches Element gemeinsam, er ist die Verkörperung der Macht; einer Macht, die gleichsam in einer magischen Linie von den Tlatoani über die spanischen Vizekönige und die Präsidenten auf ihn übertragen wurde.

Die „öffentliche" Macht, der immer auch ein Element der Gewalt immanent ist und als deren oberster Repräsentant der Präsident gelten kann, hat auch in Mexiko ein „Geschlecht": sie ist männlich![16] In allen sozialen Schichten wird Kraft, Mut, Überlegenheit — d. h. Macht — mit den männlichen Geschlechtsteilen in Verbindung gebracht. Eine der Hauptfiguren in dem Roman „Pedro Parámo" von Juan Rulfo bringt dies deutlich zum Ausdruck, wenn er seinen Kontrahenten mit folgendem Argument als ungefährlich beurteilt:

> Dazu hat er noch nicht die Kraft, um jemanden umzubringen. Dazu muß man verschiedenes so groß haben! Und der zeigte mit den Händen die Größe eines Kürbisses.[17]

Abb. 20: Kadetten in Galauniform

Abb. 21: Soldaten von Pancho Villa

Die Assoziation von politischer Macht mit Männlichkeit bestimmt auch die Erwartungshaltung der Öffentlichkeit an ihre Führer. Im Jahre 1913 gab Pancho Villa dem damaligen Präsidenten Madero folgenden Ratschlag zur Lösung der innenpolitischen Schwierigkeiten: „Alles was Sie tun müssen, ist, ihre Hosen hochziehen und ein Mann sein.“[18]

Obwohl seither über 70 Jahre verstrichen sind, hat sich dieses „Erfolgsrezept“ noch nicht als irrelevant erwiesen; von einem Politiker wird erwartet, daß er sich wie ein wahrer Mann durchsetzen kann. Er muß seinen Weg gehen; duldet er Opposition oder die Beschneidung seiner Macht, gerät er leicht in den Verdacht, wankelmütig oder gar unterwürfig zu sein.

Das personalistisch-machistische Selbstverständnis des Politikers reduziert empfindlich das emotionale Spektrum seiner — ihm als akzeptabel erscheinenden — Lösungsmöglichkeiten einer Konfliktsituation. Eine Lösung von strittigen Fragen wird somit charakteristischerweise in der Beeinflussung des Verhaltens des „als Person“ verantwortlich gehaltenen Konfliktpartners gesucht. Als Möglichkeiten bieten sich hier alle Formen von „sanfter“ Einflußnahme — wie Überredung, Bestechung usw. — an; besteht keine Chance, durch gewaltfreie Mittel die Durchsetzung der eigenen Interessen zu erreichen, ist auch der Einsatz von Gewalt naheliegend.[19]

Dieses Selbstverständnis der Politiker, das als allgemeines Phänomen lateinamerikanischer Kulturen gelten kann, steht in engem Zusammenhang mit dem Fehlen leistungsfähiger und tatsächlich benutzter institutioneller Mittel zur Lösung von Konflikten. Die Bevorzugung des persönlichen Weges und die negative Bewertung institutioneller Mittel setzen die Möglichkeiten, diese zu entwikkeln herab und verringern gleichzeitig die Effizienz der bereits bestehenden.

Im politischen Bereich werden diese Verhaltensweisen zur Paradoxie: Die Qualifikation der demokratisch gewählten Führer besteht partiell in ihrer undemokratisch handelnden Persönlichkeit.

Die Reduzierung der Effizienz institutioneller Mittel zur Konfliktlösung ist aber nicht die einzige Auswirkung

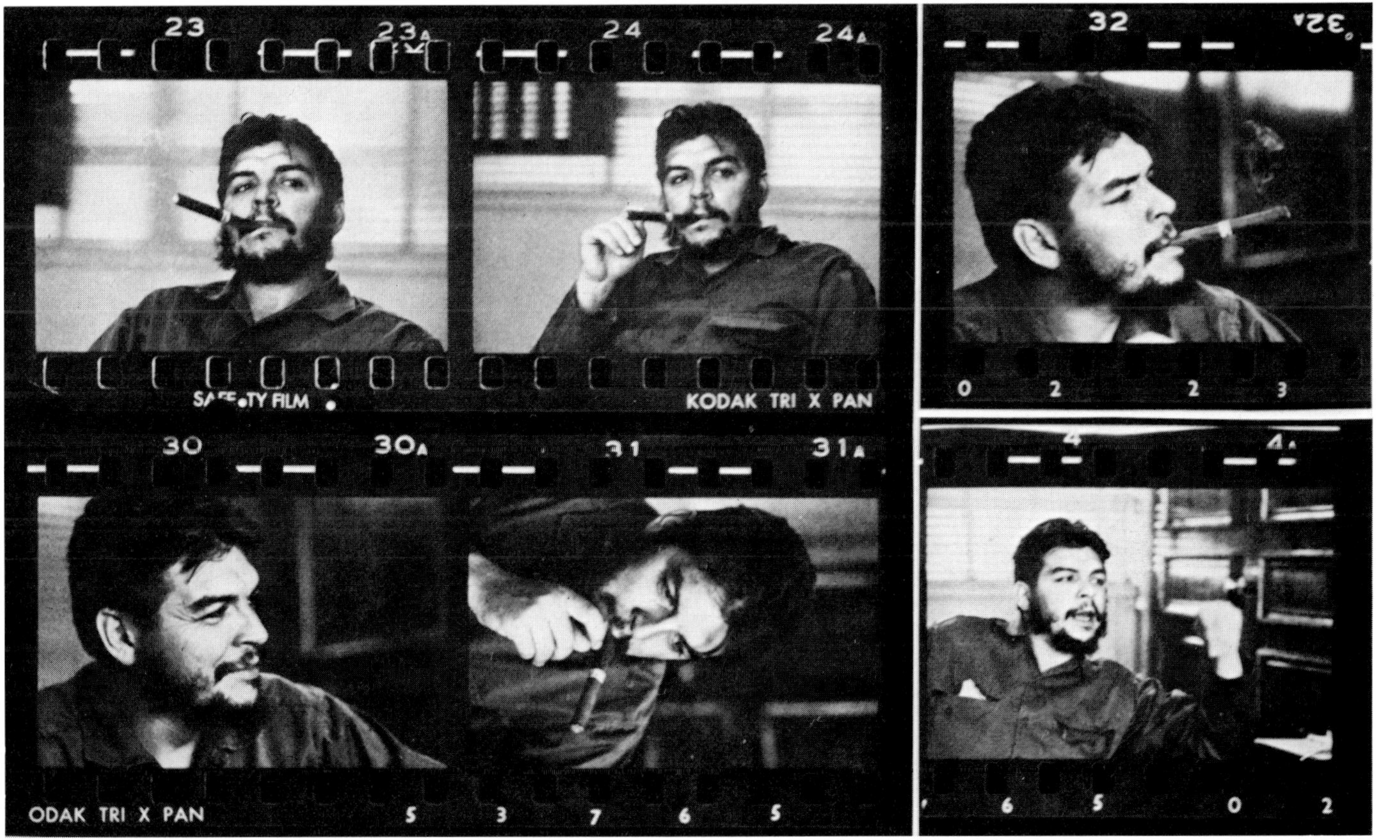

Abb. 22: Ernesto „Che“ Guevara

dieser Auffassung von politischer Macht. Die „Vermännlichung“ der Politik wirkt zusätzlich stabilisierend auf das politische System und damit auch auf die herrschende soziale Ungerechtigkeit.

Jede Form von Herrschaft ist darauf angewiesen, daß zumindest ein Teil der Bevölkerung das Gefühl hat, daran partizipieren zu können; in Mexiko ist der Machismo eines der Elemente, die daraufhin wirken, dieses Gefühl zu erzeugen. Trotz minimalster sozialer Möglichkeiten und täglich erlebter Demütigungen bleibt der Masse der männlichen Bevölkerung zur Identifikation mit ihren Führern ihre Männlichkeit. Mag auch die Realität der Mächtigen eine völlig andere sein, aber ihre männliche Selbstdarstellung entspricht einem Stereotyp, mit dem sich auch der Ohnmächtige verbunden fühlt, und dem er ansatzweise auch entsprechen kann. Der Machismo ist ja keine eng umrissene Rolle, die an bestimmte soziale oder persönliche Konditionen gebunden ist, sondern vielmehr ein „Bild“ von Männlichkeit, das — partiell betrachtet — für jeden Mann umsetzbar ist.

Das durch den Machismo vermittelte „Wenigstens-bin-ich-ein-Mann“-Gefühl hat auf politischer Ebene einen doppelten Effekt: Es schafft eine gewisse, irreale Zufriedenheit unter einem Teil der Bevölkerung und verhindert gleichzeitig deren Solidarität. Die horizontalen Trennungslinien der sozialen Schichten werden vertikal von den Grenzen des Geschlechts durchschnitten. Frauen werden nach Möglichkeit in allen sozialen Bereichen mittels des traditionellen Rollenbildes aus dem politischen Leben gedrängt.

Dieser politisch konservative Einfluß des Machismo ist nicht an eine bestimmte soziale Schicht gebunden. In dem auch in Europa bekannt gewordenen Lebensbericht der Domitila, einer politisch engagierten Frau aus der Minengegend Boliviens, wird deutlich, wie selbst unter dem Druck des Existenzkampfes die Rollenbilder verteidigt werden.

Bei der ersten Veranstaltung, die es in Siglo XX (eine der Minen, d. A.) gab, nachdem sie aus La Paz zurückgekommen waren, gingen die Genossinnen auf den Balkon der Gewerkschaft, um dort zu sprechen. Die Genossen (ihre Männer, d. A.) waren nicht daran gewöhnt, einer Frau zuzuhören. Also schrien sie: „Sie sollen nach Hause gehen! ... Kochen! Waschen! Ihre Hausarbeit machen ...“ Und sie pfiffen uns aus.[20]

Die Eigenheit des Machismo
Zur Erfassung und Abgrenzung eines fluktuierenden Stereotyps

Die Vielzahl der literarischen und wissenschaftlichen Arbeiten, die mit der Absicht verfaßt wurden, den „Mexikaner“ und das Wesen Mexikos zu beschreiben, ist beeindruckend; ebenso wie die unterschiedlichen Auffassungen, die darin zum Ausdruck kommen.[1] So verschieden die Positionen auch sind, in der Ansicht, daß es irreführend wäre, vereinheitlichend von „dem Mexikaner“ zu sprechen, stimmen sie überein. „In Mexiko gibt es keine nationale oder allgemeine Kultur“, schreibt Raoul Bejar-Navarro, „sondern im Gegenteil die Koexistenz von verschiedenen speziellen Kulturen und Subkulturen“.[2] Und Carlos A. Echanove betont ausdrücklich, daß man in einem so heterogenen Land wie Mexiko nicht von einem nationalen Typ sprechen kann.[3]

Ob es überhaupt möglich ist, in irgendeinem Land von einem „nationalen Typ“ zu sprechen, mag dahingestellt bleiben, Inhalt dieser Arbeit ist ja nicht ein weiterer Beitrag zum Thema „El Mexicano“, sondern das männliche Rollenstereotyp des Machismo.

Machistisches Rollenverhalten ist natürlich kein Spezifikum Mexikos. Mit graduellen Differenzen findet es sich ebenso als dominierendes Stereotyp von Männlichkeit in den anderen lateinamerikanischen Ländern, im Karibikraum, im mediterranen Europa und auf dem Balkan.

Verhaltensformen, die als „machistisch“ bezeichnet werden können, lassen sich in einer Reihe von Gesellschaften oder Gruppen feststellen, die so unterschiedlich sein können, wie Jugendbanden in Großstädten und bäuerlichen Gemeinschaften.[4]

Evelyn Jacobson-Michaelson und Walter Goldschmid[5] haben Anfang der siebziger Jahre 46 weltweit gestreute „peasant communities“, von denen ausreichende Daten über das ökonomische Leben und die Form der Familienorganisation vorlagen, auf weibliche Rollen und männliches Vormachtstreben untersucht.[6] In 35 von diesen 46 untersuchten Gesellschaften stellten sie eine klar abgegrenzte Ideologie der männlichen Überlegenheit fest, davon waren aber ihrer Interpretation zufolge nur sechs durch Machismo geprägt. (Machismo definieren sie als „aggressive Männlichkeit, die durch die Zurschaustellung von Gewalt und Furchtlosigkeit und vor allem durch sexuelle Eroberungen geprägt ist“.) Da in fünf von den sechs Beispielen das Land sowohl an Söhne, wie auch an die Töchter vererbt werden kann, aber gleichzeitig die männliche Überlegenheit idealisiert wird, sehen sie Machismo als Mittel, männliche Überlegenheit in bäuerlichen Gesellschaften auch dort aufrecht zu erhalten, wo für Männer auf Grund der nicht mehr bestehenden patrilinearen Vererbung die Kontrolle über die materiellen Werte nicht mehr gegeben ist.[7] Stark vereinfacht läßt sich sagen, daß alle diese Gesellschaften eine relative Armut, eine sozioökonomische Marginalität zumindest eines großen Teils der männlichen Bevölkerung und eine patriarchalische Ideologie aufweisen, der nur ein begrenzter Teil der Männer zu entsprechen imstande ist.

Dieser Zusammenhang von Machismo, mit einer relativen Armut und sozialer Ohnmacht, ist in Mexiko zweifellos gegeben; Carlos Monsiváis, jener mexikanische Autor und Essayist, der sich in literarischer Form am ausführlichsten mit dem Phänomen des Machismo auseinandergesetzt hat, schreibt dazu:

> ... der Machismo ist ein volkstümliches Konzept, ein typisches Übel der unteren Klassen, ein zusätzliches Delikt der Armut. Im Prinzip ist der Macho ein Armer, dem als letztes Mittel, sich Aufmerksamkeit zu verschaffen, die Indifferenz gegenüber dem eigenen Tod und dem fremden Schmerz bleibt. Die Bourgeosie ist wandlungsfähig genug, um über die Maurer zu spotten, die ihre Frauen schlagen und zu viele Kinder an zu vielen Orten haben, und außerdem hat der Prozeß der Modernisierung des Landes auch die Frauen erfaßt, durch die symbolische Präsenz in der Po-

Abb. 23: Fortino Sámano, ein Falschmünzer, vor seiner Erschießung, 1913

litik und die reale auf dem Arbeitsmarkt. Der Machismo zeigt sich als Zerrspiegel, in dem die unterprivilegierten Klassen erscheinen. Lächelnd und unterworfen.[8]

Machismo ausschließlich als Rollenverhalten der „Kultur der Armut" zu qualifizieren, ist Ausdruck einer reduzierten Sichtweise, welche auch dadurch gefördert wird, daß über diese soziale Schicht die meisten soziologischen Untersuchungen existieren und die machistischen Inhalte offensichtlicher sind.[9]

Die Männer der Mittel- und Oberschichte der mexikanischen Gesellschaft sehen ihre „Männlichkeit" zweifellos anders, als jene der Unterschichten. Die Manier, mit der sie der stereotypen Vorstellung von Männlichkeit entsprechen wollen, ist — bedingt durch die vielfältigeren sozialen und ökonomischen Möglichkeiten — subtiler und weniger auf die unmittelbare Körperlichkeit reduziert. Von einzelnen Ausnahmen abgesehen, bewerteten beispielsweise alle von mir befragten Angehörigen dieser Schichten den Machismo als ein Übel der mexikanischen Gesellschaft, welches auf zuwenig Bildung zurückzuführen sei.

Zuordnungen dieser Art reduzieren den Machismo auf seine offenkundigsten Ausdrucksformen und ignorieren dabei, daß die meisten Inhalte des Männerbildes nicht schichtspezifisch gebunden sind, sondern die Unterschiede hauptsächlich in der Umsetzung bestehen. Zwei kontrahierende Politiker werden andere Mittel zur Lösung ihres Konfliktes anwenden als zwei rivalisierende Betrunkene in einer Cantina (einer Bar), doch ihr emotionales Spektrum und die damit verbundene Zielsetzung sind in beiden Fällen durch ihr ähnliches männliches Rollenstereotyp vorgegeben: Das Ziel ist die Durchsetzung des eigenen Willens! Kompromisse werden als Zeichen von Schwäche negativ bewertet und Überlegenheit mit Recht gleichgesetzt.

Die folgende Aufzählung der für den Machismo signifikanten Inhalte soll dazu dienen, ein überregionales und schichtunabhängiges „Bild" eines Machos deutlich zu machen; daß dieses in der Realität keine absolute Entsprechung haben kann, sondern ein Kunstprodukt — etwa im Sinne des Idealtypus von Max Weber — bleiben muß, ist selbstverständlich.[10]

DIE CHARAKTERISTIKA

Männliche Promiskuität und Potenz

Eines der wesentlichen Charakteristika des Machismo ist die Betonung der Aggressivität und der Promiskuität des männlichen Sexualverhaltens, verbunden mit der Assoziation von Männlichkeit mit Zeugungsfähigkeit.[11] Von einem „richtigen Mann" wird erwartet, daß er von früher Jugend an sein sexuelles Interesse an Frauen zum Ausdruck bringt und dieses Verhalten auch als Erwachsener nicht verändert.[12]

> Die Männer benehmen sich immer ungebührlicher. Als ob das den Mann ausmachen würde. Das ist eine Krankheit, die die Mexikaner haben: zu glauben, daß sie Mordskerle sind, nur weil sie uns besteigen.[13]

So schildert Jesusa in dem Buch von Elena Poniatowska ihre Sicht des sexuellen Verhaltens der Männer.

„Lo que se casa es la mujer" — diejenige, die sich verheiratet, ist die Frau — sagt ein populäres Sprichwort in Mexiko, das damit die dem Machismo immanente Einstellung zu männlicher Untreue und weiblicher Treue pointiert zum Ausdruck bringt, und ein Mann wäre kein richtiger Mann, wenn er sich nicht häufig die Gelegenheit schaffen würde, es zu zitieren. Dieses Recht der Männer, sich ihre Männlichkeit durch die „Eroberung" von Frauen — auch verheirateten — zu beweisen, trägt ein destabilisierendes Element in die Gesellschaft und grenzt Machismo von anderen, „intakteren" Formen männlich patriarchalischer Herrschaft ab.

In islamischen Kulturen, die ebenfalls einen männlichen Herrschaftsanspruch und einen ausgeprägten Männlichkeitskult aufweisen, wird der sexuelle Kontakt mit einer ehrenhaften Frau (d. h. einer Ehefrau oder eines weiblichen Familienmitgliedes) nicht nur von den „Betrogenen", sondern von der gesamten Gesellschaft negativ bewertet. Die Sexualität der Männer hat durchaus hohen Stellenwert und Akzeptanz, hat sich aber in der Ehe abzuspielen, und im Gegensatz zu machistischen Gesellschaften, wo nur der „Gehörnte" der Verachtung ausgesetzt ist, konzentriert sich in islamischen Kulturen die Ablehnung, wie auch die Sanktionen auf den Verführer (und natürlich auch gegen die sich nicht statthaft verhaltende Frau).[14]

Dieser essentielle Unterschied im Idealverhalten zweier männlichkeitsbetonter Kulturen bestimmt wesentlich die Form der Beziehung von Männern untereinander und nimmt Einfluß auf den Grad der Stabilität der patriarchalischen Herrschaft.

Eine große Zahl von Kindern — insbesondere von Söhnen — gilt als Beweis der Potenz eines Mannes.[15] Manuel, eine der Personen, deren Leben Oskar Lewis in seiner ethnologischen Studie „Die Kinder von Sánchez" beschreibt, sagt dazu.[16]

Paula und ich lebten schon fast drei Jahre lang zusammen und hatten immer noch kein Kind. Das gefiel mir nicht und ich sagte ihr oft: „Das sieht ja gerade so aus, als ob ich mit einem Mann lebte; du bist anscheinend keine richtige Frau. Wann bekommst du endlich ein Kind?"[17]

Als seine Frau dann schwanger wird, scheint Manuel das Kind wichtiger zu sein als ihr Leben, da er ihr trotz der Warnung des Arztes, daß eine Geburt lebensgefährlich für sie sei, eine Abtreibung verbietet.[18] Diese zum Rollenstereotyp des Machismo gehörende Betonung der Zeugungsfähigkeit bleibt trotz einer spürbaren Annäherung der Mittel- und Oberschichten an das Ideal der Kleinfamilie nach nordamerikanischem und europäischem Vorbild ein Aspekt, welcher die Durchführung effizienter Familienplanungsprogramme zusätzlich erschwert.[19]

Sexuelle Repression der Frau

Die Rolle der Frau verlangt von ihr — obwohl die Realität empfindlich davon abweicht — ein passives, abwartendes Verhalten; dies sowohl in der Sexualität als auch in der Suche nach einem Partner. Daß in Lateinamerika alle Aktivitäten in der Partnersuche den Männern vorbehalten sind, daß sie die Verabredungen planen und die Entscheidungen treffen, sind die ergänzenden Inhalte der männlichen Rolle.[20]

Abb. 24: Männer im Gespräch mit Prostituierten, Mexiko, um 1940.

Sexualität und alle damit in Zusammenhang stehenden Verhaltensformen werden im Machismo — wie auch in allen anderen Formen des Patriarchats — mit Macht in Verbindung gebracht. Weltweit ist Sexualität in den Vorstellungen der Männer mit Macht assoziiert und die Passivität bzw. Unterordnung der Frauen deshalb wichtig. Daß diese der ihr zugeordneten Rolle allerdings nie ganz entsprechen, macht sie für die Männer bedrohlich. Die Angst der Männer vor der unbeaufsichtigten d. h. unkontrollierten weiblichen Sexualität ist von einer bemerkenswerten historischen Konstanz, ebenso wie auch jene der männlichen Gegenmaßnahmen.

Die Reaktion auf diese „Bedrohung", welche im Rollenstereotyp des Machos angelegt ist, reduziert sich auf die zusätzliche Ausübung von sexueller Aggression gegen die Frau und in der Absicherung seiner Person, indem er sich unnahbar und verschlossen gibt. Die Frage, wie weit diese Rollenstereotypen Sexualität nur in Form sado-masochistischer Verhaltensmuster zulassen, drängt sich dabei auf.[21]

Tabuisierung sexueller Themen

Sexuelle Wünsche und Erlebnisse werden von Männern in Gesprächen mit Geliebten, Prostituierten und vor allem mit anderen Männern verbalisiert. Ein Austausch sexueller Erlebnisse (und natürlich nicht der Probleme) wird von Männern erwartet, da dies nicht nur deren Selbstwertgefühl hebt und Stereotype bestätigt, sondern ein Gefühl von „Kumpelhaftigkeit" zwischen ihnen erzeugt.

Sexuelle Erlebnisse für sich zu behalten, unterminiert die Solidarität der männlichen Bezugspersonen; deshalb hat der machistische Mann gegebenenfalls auch sexuelle Erlebnisse zu erfinden, um im Informationsaustausch darüber auch mithalten zu können. Dieser Informations- bzw. Erlebniszwang ist allerdings keineswegs ein lateinamerikanisches Phänomen. Vor allem Männer suchen Bestätigung, Aufmerksamkeit und eine Form von Nähe durch die Verbalisierung ihrer bestandenen sexuellen „Abenteuer". In einer 1967 in den USA durchgeführten Befragung von 1177 Studenten und Studentinnen betonten 60 %, daß die größte Befriedigung sexueller Erlebnisse in deren Entprivatisierung besteht, wobei insbesondere die Männer darauf Wert legen, den Kreis von „Eingeweihten" möglichst groß zu halten.[22]

Lustvoll ist das Teilen sexueller Erlebnisse für den machistischen Mann nur mit Freunden oder potentiellen Gegnern — wobei gerade im Bereich der Sexualität die Grenzen zwischen Freunden und Konkurrenten nicht zu ziehen sind. Zwischen Ehepartnern oder gar in der Kindererziehung ist Sexualität dagegen ein verpöntes und weitgehend verdrängtes Thema.[23]

Leider erzählen bei uns in Mexiko die Mütter ihren Töchtern gar nichts über das Leben, und deswegen müssen wir mit unseren Enttäuschungen allein fertig werden. Selbst wenn die Mutter merkt, daß mit ihrer Tochter etwas los ist, würde sie nicht den Mut haben, danach zu fragen. Sie könnte einfach nicht die rechten Worte finden, um die Wahrheit herauszufinden. Sie läßt die Dinge laufen, bis das Unglück passiert (angesprochen ist hier eine Schwangerschaft, d. A.) . . . Da ist zum Beispiel die Sache mit der Menstruation. Die meisten Mädchen erfahren davon zu Hause überhaupt nichts. (Marta)[24]

Diese Verdrängung sexueller Themen beschränkt sich nicht nur auf die Töchter; Jesús Sánchez schildert, wie er heimlich die Unterwäsche seiner Söhne kontrollierte, um zu sehen, ob sie sich mit einer Geschlechtskrankheit infiziert hatten, da er als Vater mit ihnen darüber nicht offen reden konnte.[25]

Polarisierung des Frauenbildes

Gesellschaften mit starker Geschlechtersegregation im familiären und Männerdominanz im gesellschaftlichen Bereich, wie beispielsweise die mediterranen Hirtenkulturen, zeigen eine außergewöhnliche Polarisierung des Frauenbildes bzw. eine besonders starke Abwertung der Frauen. Die Ehefrau ist dort in extremer Weise die Untergeordnete. Das Verhältnis zwischen Sohn und Mutter bzw. zwischen Bruder und Schwester ist oft durch Vertrautheit, im Fall der Mutter auch durch Abhängigkeit geprägt. Diese Differenzierungen führen zu polaren Aufspaltungen des Frauenbildes von oftmals erstaunlicher kultureller Dominanz, wie „gute“ und „böse“ Frau oder „weiße“ und „rote“ Frau.[26]

Von einer extremen Abwertung der Frau in Mexiko zu sprechen, trifft die Problematik nur am Rande. Dem nicht anerkannten, bedrohlichen Prinzip von Weiblichkeit, wie es sich im Schlagwort der „Hure“ zeigt, steht das anerkannte und verherrlichte der „Heiligen“ bzw. „Mutter“ gegenüber.

Im Bild vom „Mann-Sein“ sind solche polaren Gegensätze nicht enthalten. Männer können mehr oder weniger männlich sein; am äußersten Ende des Spektrums sind sie „fast wie eine Frau“.

Virginitätskult

Die sexuelle Unberührtheit, d. h. die sexuelle Unerfahrenheit ist eine der Erwartungen, die ein „richtiger Macho“ an eine „Frau zum heiraten“ stellt. Oft zu hörende Aussagen wie etwa: „. . . daß vor allem in den Mittelschichten die Hauptsorge der Eltern bezüglich ihrer Töchter deren Jungfräulichkeit sei, und daß diese — auch in den großen Städten — niemals ohne Begleitung an Ereignissen teilnehmen dürfen, bei denen auch Männer anwesend sind“[27], sind allerdings weitgehend als Projektion der Ideologie des Machismo auf die gesellschaftliche Realität zu verstehen.

Für islamische Kulturen, eine Reihe pastoraler oder anderer streng patriarchalischer Gesellschaften mag diese Idealisierung der Jungfräulichkeit noch zutreffen; der mexikanischen Realität entspricht es in dieser Konsequenz nicht mehr. Sicherlich hat die Virginität in ländlichen Gebieten und insbesondere in der Mittelschicht kleinerer Städte noch einen hohen Stellenwert. In großen urbanen Ballungszentren oder etwa im Norden Mexikos ist der vorgebrachte Anspruch eines Mannes, eine Jungfrau heiraten zu wollen, in der Regel nicht mehr als ein Lippenbekenntnis dem Ideal des Machismo gegenüber. Jesús Sánchez betont, daß er Frauen bevorzugt, die keine Jungfrauen mehr sind, da

. . . eine Frau, die schon ein Kind von einem anderen hat, wenn der Mann sie zu sich nimmt wie ich Leonore, fühlt, daß sie nicht das Recht hat, zu protestieren, wenn der Mann einmal fortgeht. Sie weiß, daß sie selber Fehler begangen hat. Mit einer Frau, die noch Jungfrau war und mit der man kirchlich und zivil getraut ist, steht das ganz anders; die kann sich immer beklagen.[28]

Zumindest in dieser sozialen Umgebung haben die Mädchen ihren ersten sexuellen Verkehr schon sehr früh. Marta erzählt, daß dies bei allen ihren Freundinnen im Alter zwischen 12 und 15 Jahren der Fall war.

Es brach unter den Mädchen ein richtiges Fieber aus, und sie ließen sich eine nach der anderen umlegen. Die ältesten fingen an, und die jüngeren machten es ihnen schließlich nach; keine wollte zurückstehen.[29]

Zusammenhang der Ehre des Mannes mit der Ehre der Familie

Die Ehre des Mannes beschränkt sich nicht auf seine eigene Person, sondern basiert auch auf dem Verhalten des gesamten Familienverbandes. Vor allem die Treue der Ehefrau ist fundamental für das Ansehen des Mannes, und dies bringt ihn in eine paradoxe Situation: Seine Ehre und Männlichkeit wird ebenso an der Keuschheit der weiblichen Familienmitglieder gemessen, wie auch an der mit ihm vollzogenen Untreue aller anderen Frauen. Daraus entsteht ein ausgeprägtes Mißtrauen gegenüber anderen Männern und oftmals blindwütige Repressalien der männlichen Familienmitglieder gegenüber „ihren" Frauen. Die Reaktion ihres Vaters und ihrer Brüder auf ihren ersten Freund, wie sie Marta schildert, ist sicherlich keine Ausnahme:

„Ich war dreizehn, als ich ihn kennenlernte. Von da an lebte ich ständig in Angst und wurde gejagt, gequält und geschlagen. Meine Brüder, besonders Roberto, beobachteten mich dauernd. Selbst mein Vater, der mich bis dahin nie verprügelt hatte, schlug mich dreimal, einmal mit der Peitsche und zweimal mit einem Riemen, weil er mich mit Crispín gesehen hatte."[30]

Werden von Außenstehenden Zweifel an der Keuschheit der weiblichen Familienmitglieder geäußert, gilt das als besonders schlimme Beleidigung. Der amerikanische Anthropologe Ralph Bolton, der über den Machismo peruanischer Lastwagenfahrer an Hand der von diesen an ihren Lkw's angebrachten Sprüchen gearbeitet hat, beurteilt das Motto „pasa, cuñado!“ (fahr vor, Schwager!) als eines der aggressivsten.[31] (Bezeichnenderweise ist dieser Spruch hinten am Wagen angebracht, da der Fahrer die „männliche Schmach“, überholt zu werden, mit der Herabsetzung des anderen Verkehrsteilnehmers ausgleichen will.)

Ähnliche, wenn nicht identische Formen des hier beschriebenen männlichen Ehrenkodex finden sich insbesondere auch im mediterranen Raum. Julian Pitt-Rivers, der mit „The Fate of Shechem or the Politics of Sex“ die wohl umfassendste Arbeit dazu verfaßt hat, sagt,

> im Gegensatz zu dem Ehrenkodex vieler anderer Länder, einschließlich des modernen Nordeuropa — und vielleicht auch des alten Nordeuropa — sind die Männer verantwortlich für die Ehre ihrer Frauen, also ihrer sexuellen Reinheit, und zu einem großen Teil leitet sich ihre eigene Ehre davon ab, wie sie dieser Aufgabe gerecht werden.[32]

Als Vater, Ehemann oder Bruder „seine“ Frauen nicht abschirmen zu können, ist unmännlich und somit eine Schande; im Gegensatz dazu verhält sich ein Ehebrecher nicht unehrenhaft, da dies als die männliche Natur angesehen wird.[33] Der „Gehörnte“ hat zu büßen, da er die Schande nicht nur über sich, sondern auch über alle, die an seiner Ehre beteiligt sind, gebracht hat.

Sexualität wird so zu einem Mittel im Machtkampf transzendiert, zu einer, im weitesten Sinne, politischen Angelegenheit, zu einer Funktion in dem System von Status und Macht.[34]

Betonung der Unabhängigkeit des Mannes von der Frau und der häuslichen Sphäre

Der Macho versucht, seine Frau nach Möglichkeit auf den häuslichen Bereich zu beschränken, während er — um seine Männlichkeit und Unabhängigkeit unter Beweis zu stellen — diesen weitgehend meidet. Da in Mexiko allerdings diese Trennung von öffentlich-männlicher und privat-weiblicher Sphäre nur noch rudimentär vorhanden ist (selbst in den Cantinas, den „Horten“ der Männlichkeit, ist seit einigen Jahren auch der Eintritt von Frauen erlaubt), reduziert sich die Demonstration männlicher Unabhängigkeit weitgehend auf das Vermeiden des Kontaktes mit der Ehefrau und das Ignorieren ihrer Bedürfnisse. Salvador Reynes-Nevares formuliert dies etwas überspitzt, indem er „die Tränen der Frau als den Gipfel des Glücks des Machos“[35], der sich damit seine Überlegenheit bestätigen will, interpretiert. Mit der demonstrativen Mißachtung der Ansprüche der Ehefrau verschafft sich auch ein sozial ohnmächtiger und persönlich unsicherer Mann zeitweise das Gefühl, daß er machen kann, was er will.

Der richtig „männliche“ Mexikaner ist hochmütig und eingebildet, in der Frau sieht er ein untergeordnetes Wesen, und es macht ihm Spaß, sie zu demütigen.
Nur er allein hat recht, und nur auf seine Gefühle wird Rücksicht genommen. Wenn er mit anderen diskutiert, kommt es ihm nicht darauf an, die Wahrheit zu erfahren, sondern seine Meinung durchzusetzen. Keine Frau kann hier allein leben, ohne daß irgend ein Mannsbild ihr seine „Rechte“ aufzwingt. Alle Männer, die ich kannte, mein Vater, meine Brüder, meine Novios und meine Arbeitskollegen, glaubten, daß sie zu befehlen hätten und man ihnen gehorchen müßte. (Consuelo)[36]

Körperliche Betonung der Männlichkeit

Speziell männliche Teile des Körpers — Penis und Körperbehaarung — werden zusammen mit bestimmten Gesten, der Intonation der Stimme und der Art zu gehen, anderen Männern und Frauen gegenüber besonders betont. Bekannt ist der in Zentralamerika verbreitete Griff an die männlichen Genitalien, da die Hoden nicht nur mit sexueller Potenz, sondern auch mit Stärke und Macht assoziiert werden.[37]

Im folgenden Corrido aus der Revolutionszeit kommt zum Ausdruck, was wirklich zählt — nämlich Mut — symbolisiert durch die Hoden.

Que pensarán los „bolillos“ tan patones
que con cañones nos iban a asustar;
si ellos tienen aviones de a montones
aqui tenemos lo mero principal.[38]

Was denken diese großfüßigen Gringos von uns,
daß sie glauben, uns mit Kanonen Angst machen zu können.
Sie können Berge von Flugzeugen haben,
aber wir haben das, was wirklich zählt.

Sich auf das zu berufen, „was wirklich zählt", war nicht nur bei den schlecht ausgerüsteten Soldaten der Revolutionszeit üblich; als 1986 der Rektor der Universität von Chichuahua öffentlich angegriffen wurde, erklärte er einem Reporter, daß er im Gegensatz zu seinen Kontrahenten nicht auf Schlägertrupps angewiesen sei, da er das, worauf es ankommt, in den Hosen habe.[39]

Sprachgebrauch

Die spanische Sprache selbst ist Ausdruck einer an Männlichkeit orientierten Welt. Im Plural steht der männliche Artikel oft für beide Geschlechter. So zum Beispiel

Los muchachos für Jungen und Mädchen,
Los hermanos für Brüder und Schwestern,
Los tios für Onkeln und Tanten,
Los hijos für Söhne und Töchter.

Wie sehr Sprache die Vorstellungswelt der Menschen bestimmt und damit Wirklichkeit konstituiert, ist nicht zu verifizieren; daß aber beispielsweise Genuszuordnungen, wie die hier angeführten, Einfluß auf die Geschlechtsrollenbilder ausüben, steht außer Zweifel.

Deutlicher wird dies bei der Frage des geschlechtstypischen Sprachverhaltens. Viele Ausdrücke — vor allem sexuelle — sind in der Öffentlichkeit nur Männern vorbehalten, und es gibt sogar eine Art „Männersprache" — Caló genannt. Ursprünglich als Geheimsprache für illegale Aktivitäten in der Subkultur mexikanischer Einwanderer im Süden der USA gesprochen, ist Caló heute auch in vielen urbanen Gebieten Mexikos verbreitet.[40] Es ist, obwohl auch von Frauen verstanden, eine „männliche" Sprache geblieben. Über Mexiko liegt noch keine detaillierte Untersuchung über den Anwendungskreis von Caló vor; Lurine Coltharp, die ihre Recherchen auf die Gruppe der Chicanos beschränkte, betont, daß hier Caló nur von Prostituierten oder den Freundinnen von Bandenmitgliedern gesprochen wird. Während es auch von nicht kriminellen Männern gesprochen wird, würde keine „ehrbare“ Frau zugeben, daß sie Caló versteht.[41]

Das Wort mit den vielfältigsten männlichen Konnotationen ist „chingar“. Obgleich es in ganz Lateinamerika verbreitet ist, hat es in Mexiko eine besondere Bedeutung:

> Das Wort bedeutet Gewalt anwenden, außer sich geraten, gewaltsam in den anderen eindringen, als auch verwunden, zerfetzen, schänden — Gegenstände, Körper, Seelen einfach zunichte machen ... Es ist ein Verb, das Männlichkeit, Aktivität, Grausamkeit ausdrückt.[42]

Das Wort mit allen seinen Bedeutungsnuancen ist kennzeichnend für das Verhältnis zwischen den Geschlechtern, für das gesamte soziale Leben überhaupt. Es vereinigt die Eigenschaften des Macho, des Starken, des Verschlossenen. Er ist der „chingon“ und drückt seine Überlegenheit gegenüber allen aus, die passiver oder schutzloser sind als er; das sind die „chingadas“ — die Geöffneten.

Diese Assoziation von Männlichkeit mit Aktivität und Überlegenheit findet sich auch in den Derivaten von „Vater“ und „Mutter“. Das Wort „padre“ — Vater — drückt immer Überlegenheit aus. So z. B. „soy tu padre“. Der genannte Ausdruck „ich bin dein Vater“ hat keinen väterlichen Beigeschmack, man verwendet ihn also nicht im Sinne von Schutz, Obhut, Führung, sondern allein, um seine Überlegenheit zu dokumentieren, um zu demütigen.[43] Genauso wie „que padre“, das ebenfalls verwendet wird, um zu zeigen, daß jemand oder etwas überlegen ist.

„Mutter“ dagegen wird zwiespältig verwendet, als Lobpreisung wie auch als Beschimpfung. „Chinga tu madre“, „que desmadre“, und all diese Wörter des „desmadrazgo“ weisen auf den Einfluß der Vorstellung von der bösen, der historischen Mutter — Malinche — hin.

Stellung zur männlichen Homosexualität

Hier gelten ähnliche Rollenzuschreibungen wie im heterosexuellen Bereich. Es ist von entscheidender Bedeutung, sich nicht selbst zu „öffnen“ bzw. den Partner gewaltsam zu „öffnen“. Oktavio Paz hat dies besonders hervorgehoben:

> Bezeichnenderweise wird in der männlichen Homosexualität der aktive Partner mit einer gewissen Nachsicht betrachtet, während der passive als unwürdiges, verworfenes Wesen gilt. Das Alburenspiel, ein Wortgefecht, das aus obszönen, doppelsinnigen Anspielungen besteht, und das in Mexico-City so beliebt ist, macht diese widersprüchliche Auffassung offenkundig. Jeder Teilnehmer versucht, seinen Gegner durch Wortfallen und geistreiche Verbindungen zu schlagen. Wer eine Antwort schuldig bleibt, ist der Besiegte, er muß die Worte seines Gegners schlucken, die voll streitsüchtiger sexueller Andeutungen sind. Der Verlierer wird von seinem Gegner sozusagen „übermannt“, „vergewaltigt“. Auf ihn ergießen sich Spott und Zoten der Zuschauer. Männliche Homosexualität wird demnach geduldet, soweit es sich um die Vergewaltigung des passiven Partners handelt.[44]

In den USA findet sich eine beinahe identische Form von verbalem Kampf; hier wird es „the dirty dozens“, „the dozens“ oder auch „playing house“ genannt.[45]

Die Ansicht von Oktavio Paz, daß „der aktive Partner mit einer gewissen Nachsicht betrachtet wird“, bestätigt, daß in erster Linie die Erwartungen an das Rollenverhalten erfüllt werden müssen, um gesellschaftlich akzeptiert zu werden. „Männlich“ zu sein, verlangt nicht zwangsläufig die Heterosexualität, sondern vielmehr die demonstrative Umsetzung der männlichen Werte wie Aktivität, Verschlossenheit, Macht und Unabhängigkeit. Abweichungen von dieser Rolle rücken in den Bereich des „Weiblichen“, des Homosexuellen.

Auf die sich geradezu aufdrängende Vermutung, daß die Ursachen des Machismo in der verdrängten Angst vor der Homosexualität — die insbesondere in der noch zu behandelnden Mutter-Kind-Beziehung und der daraus resultierenden Unsicherheit über die männliche Identität gründen könnte — liegen, möchte ich nicht näher eingehen, da Interpretationen dieser Art nur im Bereich des Hypothetischen stattfinden könnten. In bezug auf den Machismo bleibt bestehen — unabhängig von den verschiedenen tiefenpsychologischen Erklärungsmodellen über die Ursachen der Homosexualität — daß entgegen der weitverbreiteten Ansicht, daß polare Geschlechtsrollen zu einer völligen Ablehnung der Homosexualität führen[46], diese keineswegs im völligen Gegensatz zu den Stereotypen von Männlichkeit steht. Das jeweilige Bild einer Gesellschaft von Männlichkeit orientiert sich zwar an der ergänzenden weiblichen Rolle, es ist aber keineswegs völlig über diese als Geschlecht definiert.

Alkoholkonsum, Trinkfestigkeit

Alkohol zu trinken, ist ein wesentlicher Bestandteil der männlichen Rolle; weigert sich ein Mann, an Trinkgelagen teilzunehmen, oder erweist er sich als abstinent, stellt er damit seine Männlichkeit in Frage. Wichtig ist auch die Menge des konsumierten Alkohols — am männlichsten ist derjenige, welcher am meisten zu trinken in der Lage ist, da er seine Selbstkontrolle am längsten aufrechterhalten kann.

Der dadurch bedingt hohe Alkoholkonsum stellt seit dem Beginn der Kolonialzeit ein drückendes Problem der mexikanischen Gesellschaft dar. Einem Bericht der Pan American Sanitary Society zufolge, ist in Mexiko die Quote der Alkoholiker eine der höchsten der Welt; das Verhältnis zwischen männlichen und weiblichen Alkoholikern ist 5,3 : 1. Daraus leitet sich eine außergewöhnlich hohe Zahl an von Alkohol abhängigen Männern ab; laut einer aktuellen Studie können 5,7 % der Gesamtbevölkerung über 15 Jahren als Alkoholiker gelten.[47]

Daß Alkoholismus und Machismo in Mexiko zwei nicht zu trennende Phänomene sind und teilweise gemeinsame Wurzeln aufweisen, ist evident, obgleich die Bewertung von Trinkfestigkeit als Ausdruck der Männlichkeit und die rituelle Bedeutung von gemeinsamen Trinkgelagen für die Aufnahme in die Gemeinschaft der Männer in sehr vielen Kulturen — auch im mitteleuropäischen Raum — beobachtet werden kann.[48]

Das Sichbetrinken des Machos ist dem rituellen Zusammenhang weitgehend entzogen. Er zelebriert noch seine Männlichkeit, aber nicht mehr im Kontext einer Gemeinschaft und Macht konstituierenden Rituals, sondern als einsame, ausweglose Flucht vor der „ent-

Abb. 26: Frau holt ihren Mann aus der Cantina.

mannenden“ Einsicht, daß die realen Verhältnisse keineswegs seinem patriarchalischen Anspruch auf männliche Überlegenheit entsprechen. Michael MacCoby nimmt in seiner Studie „Alcoholism in a Mexican Village“ darauf Bezug:

> Wenn man den Kontrast zwischen dem Machismo eines Alkoholikers und der Realität seiner Beziehungen zu Frauen betrachtet, dann wird klar, daß er nur die Fassade für seine Schwäche ist . . . In Mexiko wütet der Kampf zwischen den Geschlechtern mit aller Kraft, mit dem Ergebnis, daß männliches Ansehen und Selbstbewußtsein an „Machismo“ und Alkohol scheitern und von diesen kompensiert werden.[49]

Verbunden mit den anderen Charakteristika des Machismo wird die Abhängigkeit von Alkohol zu einem kaum zu durchbrechenden Problem. Der Macho trinkt, um seine Männlichkeit zu beweisen und kompensiert das Gefühl der durch den Alkoholismus hervorgerufenen Ohnmacht aufs Neue mit machistischem Verhalten.

Die sozialen Konsequenzen sind fatal: Das mexikanische Gesundheitsministerium schätzt, daß 50 % der Gewaltdelikte, 36 % der Verkehrsunfälle, 30 % der Arbeitsunfälle und 12 % der Abwesenheit vom Arbeitsplatz auf Alkohol zurückzuführen sind.[50] Die psychischen und ökonomischen Belastungen für die Familien und die anderen Bezugspersonen der schweren Trinker lassen sich in Prozenten nicht ausdrücken.

Zurückgezogenheit, Verschlossenheit, Selbstkontrolle

Im dualistischen Denken des Machos, der Beziehungen zu anderen Menschen an den Kategorien „Überlegenheit" oder „Unterlegenheit" mißt, bedeutet die Aufgabe der Selbstkontrolle Kapitulation; sich anzuvertrauen beinhaltet sich zu „verkaufen". Jede Öffnung gegenüber anderen wird zur Gefahr für die Männlichkeit; so sieht sich der machistische Mann permanent genötigt, sich abzugrenzen, Distanz zu halten. Die Außenwelt kann nur Bedrohung sein, der er von vornherein mit Mißtrauen begegnet.

Ob es nun die Umstände rechtfertigen oder nicht, es gibt im ganzen Universum nichts, was der Mexikaner nicht mit Mißtrauen betrachtet oder beurteilt. Es ist wie eine apriorische Form seiner Übersensibilität. Der Mexikaner mißtraut nicht irgendeinem Mann oder irgendeiner Frau im speziellen, er mißtraut allen Männern und allen Frauen.[51]

Mißtrauen gegenüber anderen und die Angst vor Nähe ist natürlich kein spezielles Phänomen des Machismo; durch die Werte des Machismo erhält dieses Mißtrauen gegenüber einzelnen, Gruppen und Institutionen eine reale Berechtigung. Ein „richtiger" Mann soll die Ablehnung der anderen brechen und sie seinem Willen unterwerfen, und er ist umso mehr Macho, und er ist umso männlicher, je besser ihm dies gelingt. Diese Vermännlichung von Rücksichtslosigkeit bezieht sich auch auf Handlungen, die andererseits abgelehnt werden; ein Mörder gilt beispielsweise in den meisten Fällen als „muy macho". Da Männlichkeit mit Kontrolle und Herrschaft gleichgesetzt wird, werden gleichwertige, offene Beziehungen zur Bedrohung. Einsamkeit ist die Konsequenz davon, oder wie es Ibsen — allerdings nicht auf den Machismo bezogen — ausgedrückt hat: „Am stärksten ist, wer einsam ist".

Diese individualistische Komponente des Machos, dessen Indifferenz gegenüber kollektiven Interessen und die Betonung der männlichen Sexualität unterscheiden ihn vom Typus des faschistischen Mannes, wie ihn beispielsweise Klaus Theweleit in seinem Buch „Männerphantasien" beschreibt. Geht man davon aus, daß das faschistische Ideal in der Auflösung des Individuums in der disziplinierten Masse und der Umwandlung sexueller Energien in eine „spirituelle" Kraft „zum Wohle der Gemeinschaft" besteht, werden polare Inhalte zum Machismo sichtbar.[52]

Die Unterdrückung des sexuellen Triebes und dessen Sublimation in einem kontrollierten Massenaktionismus ist kein machistisches Ideal. Wie sehr ein Mann fähig ist, die mit Männlichkeit assoziierte Verschlossenheit umzusetzen, zeigt sich vor allem an dem Grad seiner Verletzbarkeit, in seiner Unverwundbarkeit gegenüber den Angriffen anderer und in seiner Gleichgültigkeit gegenüber physischen und psychischen Schmerzen, und, daraus resultierend, auch gegenüber seiner Umwelt. Die mexikanische Geschichte ist voll von Episoden, in denen der Stoizismus der „Helden" gegenüber Schmerz und Gefahr verherrlicht wird.[53]

Auch wenn die Bedrohung durch die Lebensumstände und das eigene Leiden daran offensichtlich ist, enthebt sich der Macho einer Reflexion über die Situation dadurch, daß er — diametral entgegengesetzt zu einer puritanischen „Weltkonzeption" — deren Realität negiert. Es ist beispielhaft, wie Roberto, einer der Söhne von Sánchez, seine Reaktion auf eine Situation von extremer Belastung schildert:

Sie können sich nicht vorstellen, was ich alles in diesem Gefängnis durchmachte und was ich für Gewissensbisse hatte. Körperlich war ich tot, und seelisch war ich begraben. Aber ich will nicht jammern; Gott sei Dank, falle ich immer wieder auf die Füße und lache auf einmal los. Warum sollte ich nicht lachen? Das Leben ist eine Komödie, die Welt ein Theater, und wir alle sind Schauspieler.[54]

Abb. 27: Wehrmachts-Parade unter Hakenkreuz-Flaggen auf dem Hamburger Heiligengeistfeld.

Seine Zurückgezogenheit oder das „Lachen über die Welt“ wird dann für den Macho zur Bedrohung, wenn er dadurch in den Verdacht von „Weiblichkeit — Passivität“ gerät. Dagegen wehrt er sich mit sporadischen Ausbrüchen von

Aggressivität, Gewalttätigkeit und Demonstration von Mut

Wie in allen virilitätsbetonten Kulturen steht auch in Mexiko der persönliche Mut ganz oben in der Hierarchie der männlichen Werte. Furchtlosigkeit, die Bereitschaft, Risiken auf sich zu nehmen, das Ignorieren von Gefahren, gelten als Ausdruck von Männlichkeit.[55]

In der Alltagsrealität, losgelöst von der illusionären Welt des Rollenstereotyps, zeigt sich für den durchschnittlichen Mexikaner wenig Gelegenheit, diesem Ideal gerecht zu werden. Die gesellschaftlichen Konditionen verlangen die tägliche Anpassung und nicht die tägliche Mutprobe. So transformiert sich dieses Ideal der Furchtlosigkeit zum Teil in eine demonstrative, latente Todesverach-

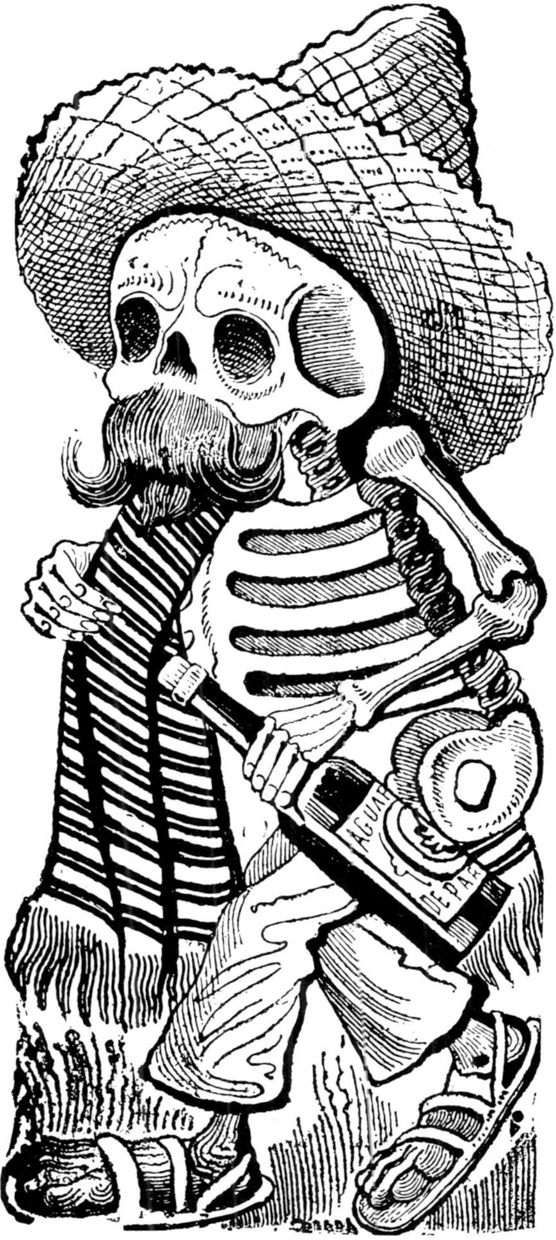

Abb. 28: „Calavera Maderista“ von Posada.

tung, ja in eine gewisse Angezogenheit durch diesen, da in der Konfrontation mit dem Tod der letzte, endgültige Beweis der Männlichkeit des Machos besteht. Diese Vorstellung vom Tod als Beweis der Männlichkeit verbindet sich mit der Betonung des Todes und des Leidens im lateinamerikanischen Katholizismus und gibt dieser ein charakteristisches Gepräge. Von einer „death oriented society" zu sprechen, wie es viele Autoren tun, erscheint mir allerdings nicht gerechtfertigt.[56]

Octavio Paz sieht die Geringschätzung des Todes in Mexiko als Kehrseite der Geringschätzung des Lebens an: „Wir töten, weil das Leben, das eigene wie das fremde, keinen Wert hat.[57] Im Hinblick auf den Machismo muß dieser Satz anders lauten. „Wir töten, um den Wert des Lebens bzw. der eigenen Person zu beweisen!"

In Spanien verhindern die sozialen Kontrollmechanismen weitgehend Beweise von Männlichkeit dieser Art, aber auch dort zeigt sich diese, für nicht-katholische Gesellschaften seltsam erscheinende, Angezogenheit durch den Tod.

Frederico Garcia Lorca schreibt:

> Spanien ist das einzige Land, wo der Tod ein nationales Schauspiel ist, wo der Tod lange Clairontöne bläst, wenn der Frühling kommt . . .

Es erscheint mir ein interessanter Gedanke, die Interpretation von Destruktivität und Todessehnsucht als Ausdruck der Flucht der Männer vor dem „Weiblichen" bzw. ihrer eigenen „Weiblichkeit" auch auf den Stierkampf anzuwenden. Demnach verkörpert der Stier die aggressive Männlichkeit, und er wird in seiner Niederlage durch seinen Mut und seine Todesverachtung zum Symbol des „männlichen" Mannes. Der Torero ist das weibliche Element, das lockt, zum Angriff reizt, der blinden, männlichen Angriffswut durch gewandte Drehungen entgeht — ein Torero darf den Stier mit dem Repertoire seiner Techniken nicht „vergewaltigen", sondern muß ihn „verführen" — und ihm dann den Todesstoß versetzen.[58]

In den Wirren des spanischen Bürgerkrieges kam dieses aus den zwischenmenschlichen Beziehungen verdrängte Element von Destruktivität und Todessehnsucht ungezü-

Abb. 29: Stierkampfplakat mit weiblichem Torero, Spanien 1980.

gelt zum Vorschein: „Nieder mit der Intelligenz, es lebe der Tod!“ war der Kampfruf der Falange.

Eingebettet in dieses Spektrum von Verschlossenheit und Männlichkeitsbeweisen durch Todesbereitschaft, liegen die Ausbrüche von Gewalt und Aggression, durch die — vor allem in sozialen Gruppierungen, denen andere Mittel kaum zur Verfügung stehen — der Macho seine Überlegenheit zu beweisen versucht. Ungezügelte Wut und körperliche Aggressivität sind nur allzu oft die einzigen Mittel, mit denen der Macho sich Respekt verschaffen kann, und die ihm das Gefühl der Ohnmacht, das in der Unnatürlichkeit seiner Rolle gründet, nehmen.[59]

Wenn man nicht einen Augenblick zögert, sondern losschlägt und um sich tritt, dann schafft man es. Wer den Schneid hat, sich gegen einen Größeren und Stärkeren zu behaupten, vor dem hat man Respekt. Wenn einer brüllt, muß man noch lauter brüllen. Wenn einer sagt: „Mach's mit deiner Mutter“, dann antworte ich: „Mach du's mit deiner tausendmal.“ Wenn er einen Schritt vorwärtsgeht und ich einen zurück, dann habe ich schon Prestige verloren. Geh ich aber auch auf ihn zu, greife ihn an und mach ihn fertig, dann imponiere ich dem anderen. In einem Kampf würde ich nie nachgeben oder sagen: „Hör auf!", selbst wenn der andere mich umbringen wollte. Dann würde ich eben versuchen, lächelnd zu sterben. Das ist es, was wir unter Macho, daß heißt, ein richtiger Mann zu sein, verstehen. (Manuel)[60]

Diese aggressive Qualität des Machismo findet sich im zeitgenössischen Spanien nicht, und auch bei den Chicanas — der mexikanischen Bevölkerungsgruppe in den USA — fehlt anscheinend dieses Element der Gewalt von Männern untereinander weitgehend.[61]

Magarete und David Gilmore betonen in ihrer Arbeit über machistisches Verhalten in Spanien, daß dort diese Ebene der Konfrontation kaum gegeben ist, und wenn es dazu kommt, wird dies von der Gesellschaft mißbilligt. „In Andalusien werden Akte von physischer Härte, Kämpfe und betontes Draufgängertum stark abwertend angesehen.[62] In Spanien manifestiert sich der Machismo primär durch die sexuelle Aggression der Männer. Diese markante Differenz im Rollenverhalten zweier machistischer Kulturen wird auch daran deutlich, daß Spanien, laut Guiness Book of Records von 1976, als das Land mit den niedrigsten Mordquoten aufscheint und Mexiko als das mit der höchsten.[63]

Machtstreben

„Ein einziges Wort faßt die Aggressivität, Unerschütterlichkeit, Unverwundbarkeit, den verbissenen Gebrauch der Gewalt und anderer Eigenschaften des ‚Macho' zusammen: Macht!"[64] Dieses Streben nach Macht ist die Konsequenz eines Rollenbildes, welches dazu beiträgt, die Welt in allen Bereichen — politisch, wirtschaftlich, privat, in der Familie — in überlegen und unterlegen einzuteilen.

Der machistische Mann hat einen hohen Preis dafür zu zahlen, daß er sein Selbstwertgefühl an diesen Kategorien orientiert. Die Fülle seines Erlebens reduziert sich auf den Kampf um die Macht und auf die Angst, diese zu verlieren. Aber auch wenn er die Macht zum zentralen Inhalt seines Lebens macht, Sicherheit bietet sie ihm nie. Macht läßt sich nicht sichern.[65]

„Wer an der Macht ist", schreibt Michael Foucault, „ist gleichzeitig in der Position, diese auszuüben und ihr zu unterliegen."[66]

Eine der Konsequenzen daraus, daß der Macho seine Identität, sein Selbstwertgefühl mit dem Anspruch auf Macht koppelt, ist dessen

Kompromißlosigkeit

Unter dem Druck, entweder Sieger oder Verlierer zu sein, werden Kompromisse zum Zeichen von Schwäche. Männlichkeit zeigt sich nicht in dem Akzeptieren von anderen Interessen oder Ideen, oder etwa in dem Versuch, über die eigenen Bedürfnisse hinaus sich in andere hineinzudenken, mitfühlend zu sein. Die Männlichkeit des Machos mißt sich an seiner Fähigkeit, die eigenen Interessen durchzusetzen. Über die Konsequenzen für die dabei Unterlegenen braucht er sich nicht verantwortlich zu fühlen, die Überlegenheit in dem Wertsystem des Machismo legitimiert sich selbst.

Die Auffassung des Macho, daß allein sein Weg der richtige ist, daß jede Änderung seiner Ansichten auf Grund ungewollter Beeinflussung durch seine Umgebung für ihn eine Niederlage bedeutet, verstärkt wiederum seine ängstliche Zurückgezogenheit. Dieses ängstliche Vermeiden, sich selbst, seine Ansichten und Ziele anderen darzulegen, und die negative Einstellung jeder Art von Kompromissen gegenüber, führen zu einer Verarmung der zwischenmenschlichen Beziehungen. Der „typische" Macho ist auch unter Freunden normalerweise sehr vorsichtig in der Auswahl seiner Gesprächsthemen; er ist immer bemüht, Themen, zu denen kontroverse Ansichten bestehen, zu vermeiden. Das Vermeiden von Kontroversen in beiderseitigem Einvernehmen ist jedoch nur im kleinen Rahmen möglich; in größeren Gruppen, in der Wirtschaft und Politik, läßt sich dies nicht immer realisieren. Auch hier werden Kompromisse als Zeichen von Schwäche angesehen und der Machismo legitimiert alle Mittel — auch physische Gewalt — die es ermöglichen, die eigenen Ziele durchzusetzen.

Geringes Verantwortungsbewußtsein

der Familie, den Nachkommen und sozial und physisch Schwächeren gegenüber ist die Folge.

In diesem Land hilft kein Mensch dem anderen, im Gegenteil, wenn einer hinfällt, wird er obendrein noch angeschrien. Ist er am Ertrinken, dann gibt man ihm noch einen Stoß, damit er untergeht, und wenn jemand nach oben will, ziehen die anderen ihn herunter.[67]

Diese Ansicht Robertos über die mexikanische Gesellschaft ist sicherlich sehr subjektiv gefärbt; die sozialen Folgen in Bereichen, in denen der Machismo starken Einfluß ausübt, macht er aber auf bestürzende Weise deutlich.

Darstellung der Männlichkeit mit materiellen Ausgaben

Daß der Wert eines Mannes durch den Einsatz und die Zurschaustellung von materiellen Gütern — und nicht durch deren Anhäufung — bemessen wird, ist nicht nur ein für Mexiko, sondern auch für den mediterranen Raum charakteristisches Phänomen.[68]

Unabhängig von der sozialen Schicht, verleiht Großzügigkeit Ansehen und Überlegenheit über andere, d. h. wer zahlt, ist überlegen, wer bezahlt, ist unterlegen.

Vor allem in einer ökonomisch sehr beschränkten Umgebung kann sich dieser soziale Druck auf den Macho zu zeitweiligen großen Ausgaben innerhalb der Männergesellschaft, verbunden mit einem mangelnden Verantwortungsgefühl, zu einer enormen, ja lebensbedrohenden Belastung der von ihm Abhängigen auswachsen.

Der Mythos vom „ganzen Mann“ Machismo als Abgrenzung gegenüber der weiblichen Welt

DIE FEHLENDEN VÄTER

Erziehung und Abhängigkeit in einer Gesellschaft mit polaren Geschlechterrollen

Die Ehe ist nicht die einzig übliche Form des heterosexuellen Zusammenlebens in der mexikanischen Gesellschaft. Entgegen dem patriarchalischen Ideal leben erstaunlich wenig Menschen in einer religiös und juridisch sanktionierten Beziehung, wie anhand des Zensus deutlich wird:

	% 1950:[1]	% 1970:[2]
Zivilheirat	15,9	8
zivil und kirchlich	51	33
kirchlich	12,5	4
freie Verbindung (union libre)	20	8
allein lebend	—	40

(Im Zensus von 1970 wurde nur die Bevölkerung ab 12 Jahren erfaßt. Die große Differenz zwischen den Daten der in freier Verbindung Lebenden dürfte im wesentlichen durch den Erfassungsmodus bedingt sein.)

In dem United Nations Demographic Yearbook von 1968 scheinen 29,3 % aller Mexikanerinnen über 15 als „Singles“ auf, 9,4 % leben in einer freien Verbindung.[3]

Die Quote der 30- bis 40jährigen, die als „Singles“ leben, ist im lateinamerikanischen Durchschnitt beinahe eben so hoch wie jene der 60 bis 70jährigen.[4]

Die Zahl der illegitimen Verbindungen in Lateinamerika wird von Johnson und Cutwright acht- bis neunmal höher als in den Industrieländern geschätzt.[5] Der Unterschied zu den islamischen Ländern dürfte noch viel größer sein, was wiederum verdeutlicht, welch substantielle Unterschiede zwischen männlichkeitsbetonten Kulturen bestehen können.

Entsprechend der Zahl der illegitimen Verbindungen ist auch die Zahl der unehelichen Kinder, die somit deutlich im Widerspruch zu dem kulturellen Ideal der Keuschheit der Frau steht. In Lateinamerika sind nun 30 % der Geburten uneheliche Kinder, im Mittleren Osten etwa 1 %.[6]

Die „union libre" als Form des Zusammenlebens findet sich häufiger in den sozialen Unterschichten, und bedeutet sehr oft — vor allem in den urbanen Gebieten — daß die Frauen mit der Belastung der Versorgung und Erziehung der Kinder auf sich allein gestellt sind.[7] Der Machismo erlaubt den Männern, die „freie Verbindung" als frei von Verantwortung für ihre Kinder und frei von Verpflichtungen gegenüber ihrer Lebensgefährtin zu interpretieren. Obgleich es keine genauen Daten dazu gibt, kann es als sicher gelten, daß die Zahl der Mütter, welche von den Vätern ihrer Kinder völlig ohne Beistand gelassen werden, sehr hoch ist. In einem sozialen Umfeld, welches offensichtlich von den Werten des Machismo geprägt wird, verurteilen andere Männer dieses egozentrische Verhalten kaum, wenn sie es nicht sogar als Element des „männlichen Wesens" ansehen.[8]

In der Mittel- und Oberschicht ist diese Form von „Freiheit" der Männer verpönt; seine Ehefrau zu verlassen, wird ebenso mißbilligt wie eine Scheidung.[9] Ihre größeren sozialen Möglichkeiten erlauben es den Männern dieser Schichten, sowohl als angesehener Familienvater zu gelten, als auch durch die Beziehung zu einer Geliebten sich und der Umgebung die eigene Unabhängigkeit und Männlichkeit zu demonstrieren. Diese Möglichkeit der Männer, ein „guter Familienvater" und gleichzeitig ein „angesehener Liebhaber" zu sein, ist Teil der patriarchalischen Wertverteilung, welche dem Mann eine Doppelrolle als Teil der übergeordneten Öffentlichkeit und als Mitglied der privaten Gruppe der Familie zugesteht. Der Frau

ist diese Möglichkeit der Doppelrolle nicht gegeben; hier wirken sich ausschließende Bilder, wie „Heilige — Hure“ daraufhin aus, die Frau „eindeutig“ zu erleben.

In den wohlhabenden Kreisen Mexikos ist die Existenz einer „casa chica“ d. h. einer Geliebten in einem „kleinen Haus“ geradezu eine Selbstverständlichkeit.[10] Diese „Selbstverständlichkeit“ trägt sowohl zur Verfestigung des Rollenbildes der „Heiligen Mutter“ bei, wie auch zur Perpetuierung der Ausbeutung der unteren Schichten, da die Frauen der casa chica normalerweise einer sozial niedrigen Schicht angehören.

Dadurch, daß ein wesentlicher Teil nicht nur der sozialen, sondern auch der emotionalen Ausrichtung der Männer konträr zum familiären Bereich steht, wird die Mutter auch in jenen Fällen, wo der Vater als Familienvorstand präsent ist, zur primären Bezugsperson der Kinder. Der Vater verbindet mit seiner Vorstellung von Männlichkeit die Orientierung nach außen, versucht ein Leben zu führen als ob er noch Junggeselle wäre, und sieht die Erziehung der Kinder als Domäne der Frau an.[11]

In seiner Rolle als Familienvater wird sein Verhalten von dem Anspruch bestimmt, seiner patriarchalischen Autorität Ausdruck zu verleihen. Dies, verbunden mit dem Bestreben, aus den Söhnen „Männer“ zu machen, bewirkt, daß Väter zwar zärtlich zu ihren Töchtern sind, im Umgang mit ihren dem Kleinkindalter entwachsenen Söhnen aber oftmals diese Zärtlichkeit vermissen lassen. Noel McGuinn kommt in seiner Untersuchung über die Mittelschichtfamilie in Mexiko zu dem Ergebnis, daß die Vorstellung, seinen Sohn wie einen Freund zu behandeln, nahezu völlig abgelehnt wird.[12]

Der Vater wird so für die Söhne identisch mit der Außenwelt: kalt, unerreichbar, und bedrohlich.

Die Beziehung zur Mutter ist — insbesondere für die Söhne — dazu konträr. In dem Maß, in dem sich die Männer zurückziehen, verstärkt sich die Orientierung der Kinder zur Mutter und umgekehrt. Sie wird zum Hort und Symbol von Zärtlichkeit, Nähe, Schutz und Vertrautheit. Daran ändert sich auch nach der Adoleszenz wenig; die Liebe zur Mutter steht auch für die erwachsenen Männer über allen anderen emotionalen Bindungen: über jenen zu den Kindern und auch über jenen zur Ehefrau, der immer bewußt sein soll, daß sie in emotionaler Konkurrenz mit der Schwiegermutter die Unterlegene ist, wie in dem folgenden Corrido offen ausgesprochen wird:

Qué te falta, mujer, qué te falta?
Qué te falta, si estoy a tu lado?
Soy dichoso, no soy desgraciado,
tengo madre que llora por mí.

Eres flor que entre penas naciste,
y naciste para padecer;
yo primero conocí a mis padres
y después a una ingrata mujer.

Si te quise, no fue que te quise,
si te amé, fue por pasar el rato;
ahí te mando tu triste retrato
para nunca acordarme de ti.[13]

Was fehlt dir, Frau, was fehlt dir?
Was fehlt dir, wenn ich bei dir bin?
Ich habe Glück, ich bin nicht unglücklich,
ich habe eine Mutter, die um mich weint.

Du bist eine Blume, die unter Schmerzen geboren wurde,
und du wurdest für das Leiden geboren;
ich kannte zuerst meine Eltern
und erst danach eine undankbare Frau.

Wenn ich dich begehrte, dann nicht weil ich dich mochte;
wenn ich dich liebte, dann um die Zeit zu vertreiben;
ich schicke dir dein trauriges Bild zurück,
so daß ich mich nie an dich erinnern werde.

Die Verehrungswürdigkeit der Mutter darf unter keinen Umständen bezweifelt werden. Aus diesem Grunde ist z. B. das Schimpfwort „hijdo de la Chingada“ eine der aggressivsten Beleidigungen für den mexikanischen Mann.

Die ungebrochene Beziehung zu den Kindern, die sich in Verehrung äußert, ist für die auf die Mutterrolle reduzierte Frau von größter Wichtigkeit. In den „intakten“ Familien findet die Frau darin eine Quelle der Sublimation für die Zurückgezogenheit des Ehemannes und ihrer sozialen Beschränkung, wie auch ihr wirksamstes Machtmittel in Konflikten mit ihrem Ehemann.

Dem mexikanischen Soziologen Gabriel Careaga zufolge sind diese innerfamiliären Konflikte in der Mittelschicht häufig und unterscheiden sich kaum von jenen der „culture of poverty“, wie sie beispielsweise Oskar Lewis schildert. Die Anwendung körperlicher Gewalt von Seiten der Männer und emotionale Erpressung durch die Frauen sind für ihn die geradezu zwangsläufigen Folgen der Struktur der mexikanischen Mittelschichtfamilie.[14]

Je mehr sich die Krise zwischen den Ehepartnern verschärft und die Frau auf ihre Funktion als Hausfrau und Mutter reduziert wird, desto mehr sieht sie sich dazu gedrängt, ihr „Monopol“ auf die Kinder zu sichern. Überbeschützende Erziehungsmethoden, emotionale Abhängigkeit durch eine nie abzutragende Schuld an die Mutter, die sich für ihre Kinder „geopfert“ hat, und deren Erwartungshaltung an ihre Söhne, daß diese „ewig treu“ sein sollen, sind die Folge.[15]

Diese gegenseitige Abhängigkeit durch die „Heiligkeit“ der Mutter und die Bedeutung der Söhne als deren Objekt der Selbstverwirklichung ist keine Eigenheit der Mittelschicht. Auch in anderen sozialen Schichten kommt den Kindern die Aufgabe zu, als Mittel der Kompensation für die durch das Rollenverhalten entstehenden reduzierten Entfaltungsmöglichkeiten zu fungieren. Pointiert läßt sich sagen, daß das Ziel der Erziehung darin besteht, die Söhne männlich zu machen, und zu verhindern, daß sie erwachsen werden!

VERGLEICHENDE STUDIEN ZUM ZUSAMMENHANG VON MÄNNLICHEM ROLLENVERHALTEN UND FRÜHKINDLICHEN EINFLÜSSEN

Die folgenden Erläuterungen über den Zusammenhang zwischen einer marginalisierten oder völlig fehlenden Beteiligung der Väter an der Kindererziehung und einer männlichkeitsbetonten Geschlechtsrolle gründen im wesentlichen auf der „status-envy“-Theorie, die ihren Ausgang im Laboratory of Human Development der Harvard University nahm.

Diese basiert — kurz zusammengefaßt — auf der These, daß sich ein Individuum in seiner frühkindlichen Phase mit jener Person identifiziert, die ihm am wichtigsten erscheint; jene, die von ihm als Verteiler der begehrten Ressourcen wahrgenommen wird. Ein Kind, das in den ersten zwei oder drei Lebensjahren sehr häufig mit der Mutter zusammen ist und mit dem Vater kaum Kontakt hat, wird sich somit mit der Mutter, und nicht — wie Freud argumentierte — mit dem Vater identifizieren. Bei Jungen führt dies, der Theorie zufolge, zur „cross-sex identification".

Lebt das Kind in der Adoleszenz und als Erwachsener in einer Umgebung, die offensichtlich von Männern dominiert ist und in der diese als „höherwertig" angesehen werden, kommt es zu einer konfliktiven Situation, d. h. zu dem Versuch, die weibliche Identität zu verdrängen.[1]

Die Betonung von körperlicher Stärke und Geschicklichkeit, die Demonstration von Kühnheit und Mut, sowie aggressives und gewalttätiges Benehmen, sind die Mittel, um besonders männlich zu erscheinen. „Protest masculinity" ist der Terminus, mit dem im Rahmen der „status-envy"-Theorie Männlichkeitsverhalten dieser Art bezeichnet wird.[2]

Obgleich ich mich inhaltlich weitgehend an diese Theorie anschließe, erscheinen mir doch zwei Ergänzungen notwendig: Die Konfliktsituation für einen Jungen mit „cross-sex identity" ergibt sich nicht nur dann, wenn er in einer von Männern dominierten Umgebung lebt, sondern auch — und vielleicht noch stärker — wenn in einer Gesellschaft zwar diese Ideologie männlicher Überlegenheit herrscht, in der Realität aber — zumindest in seinem sozialen Umfeld — nicht mehr gegeben ist. Zudem sind auch die beschriebenen Mittel zur Demonstration von Männlichkeit in dem Sinn zu erweitern, daß alle Verhaltensweisen als Kompensation von Unsicherheit fungieren können, welche im vorhandenen Rollenbild als typisch männlich gelten. All diese Versuche zur Verdrängung von „Weiblichkeit" durch „protest masculinity" berühren die Problematik weniger im Sinne einer „Maskulinität" durch eine stabile Geschlechtsrollen-Identifikation, sondern über die Verachtung der Weiblichkeit, durch Antifeminismus.

Eine Reihe von Studien unterstützen die Vermutung, daß dort, wo Väter und Mütter eine affektiv-warme Beziehung zu ihren Söhnen haben, die Geschlechtsrollenidentifikation als relativ unproblematisch bezeichnet werden kann, und daß dort, wo die Väter kaum zugänglich sind, deren Söhne vermehrt Geschlechtsrollenkonflikten ausgesetzt sind.[3]

Die damit verbundenen Schwierigkeiten, die nicht nur für den einzelnen, sondern auch für die Solidarität der dominierenden Männer bedrohlich sein können, werden in vielen Gesellschaften mittels Riten und einem genauen Verhaltenskodex unterbunden. An Hand von 56 weltweit gestreuten Gesellschaften — darunter sowohl kleine Ethnien wie auch komplexe Zivilisationen, wie die USA oder Japan — haben Whiting, Kluckhon und Anthony in einer vergleichenden Arbeit den Zusammenhang zwischen männlichen Initiationsriten und einer starken Mutterbindung untersucht. Sie gingen von der Annahme aus, daß mittels der Initationsriten die frühkindliche Bindung an die Mutter gebrochen, männliche Identität und Solidarität geschaffen und Feindseligkeit gegenüber dem Vater abgebaut werden soll. Die Voraussetzungen einer besonders starken Bindung an die Mutter sahen sie in jenen Gesellschaften gegeben, in denen die Mutter mindestens ein Jahr unter Ausschluß des Vaters mit dem Kleinkind den Schlafplatz teilte und wo für Frauen mit Neugeborenen für denselben Zeitraum ein Sexualtabu bestand.

Die Ergebnisse scheinen die Ausgangshypothese zu bestätigen. Je ausgeprägter die angeführten Voraussetzungen der Abhängigkeit gegeben waren, desto rigider zeigten sich die ritualisierten Gegenmaßnahmen der Gesellschaft. Diese bestehen entweder in Initationsriten — aufbauend auf Proben der Männlichkeit und Ausdauer, dem Zufügen von körperlichen und psychischen Schmerzen, der Separation von den Frauen und Geschlechtsoperationen — oder zumindest in der völligen Trennung der pubertierenden Jungen von der Mutter. In der Regel kulminieren die Initationsriten in der symbolischen Wiedergeburt der Knaben durch die Männer; sie werden beispielsweise von einer Krokodilmaske verschlungen, oder in einem „Mutterleib“ untergebracht und von männlichen Müttern versorgt. Die Knaben erleben eine zweite Geburt durch die Gemeinschaft der Männer. Mittels der Riten werden die Jungen in die Gemeinschaft der Herrschenden aufgenommen — nicht zufällig werden meistens die Jungen in Gruppen und die Mädchen einzeln den Riten unterzogen. Notwendig für die Aufnahme in den Kreis der Männer ist die Fähigkeit, mannhaft die hervorgerufenen Emotionen zu ertragen bzw. zu ignorieren.[4]

In einer späteren Arbeit differenziert Whiting die Theorie von der „cross-sex identity“ und unterscheidet zwischen „primary sex identity“ und „secondary sex identity“. Erstere wird durch die bereits angeführten Faktoren bestimmt, während die „secondary sex identity“ in der Kindheit angelegt wird, und zwar primär durch die Art der Haushaltssphäre, d. h. wie sehr der Vater im Haushalt präsent ist.[5]

Besonders in Gesellschaften, wo die „primary sex identity“ und die „secondary sex identity“ differieren, ohne daß rituelle Lösungen oder ökonomische Kompensationsmöglichkeiten angeboten werden, entwickeln sich Formen gewalttätigen, virilitätsbetonten Männlichkeitsverhaltens.

Konflikte mit der gesellschaftlich vorgegebenen Geschlechtsrolle ausschließlich mit der Absenz des Vaters im Erziehungsprozeß zu erklären, reicht allerdings nicht aus; allein die Abwesenheit des Vaters mit dem Fehlen von männlichen Bezugspersonen gleichzusetzen, ist bedenklich.

Andere Männer im Familienverband, ritualisierte Verwandtschaftsformen, wie z. B. Patenschaften und Vereinigungen von Jugendlichen, können dessen Funktionen teilweise ersetzen.

Im europäischem Raum übernahmen beispielsweise in ländlichen Gebieten die Burschenschaften einen wesentlichen Beitrag zur Vermittlung der erwarteten männlichen Geschlechtsrolle.[6] In den Städten erfüllten die Jugendbanden, die keineswegs ein soziales Phänomen des 20. Jahrhunderts darstellen, eine ähnliche Funktion zur Bestätigung der männlichen Identität. Die selbstgewählten

Namen der Straßenbanden aus den zwanziger Jahren spiegeln deren Anspruch männlich-viril zu sein, wider:

In diesem Kontext sind Namen wie „Bengal Tigers“, „Black Hand Gang“, „Redskins“, „Cowboys“, „Hell Hounds“, „Bell and Pistol Club“ bei den englischen „street-gangs“ zu sehen. Ihnen entsprechen etwa bei den „wilden Cliquen“ Berlins Bezeichnungen wie „Ostpiraten“, „Tatarenblut“, „Zigeunerblut“, „Wildsau“, „Waldbanditen“, „Apachenblut“, „Seeräuber“, „Galgenvogel“, „Wolfsblut“, „Sturmfest“, „Tarzan“, „Santa Fee“, „Nachtschwärmer“, „Sing Sing“, „Blutiger Knochen“, „Todesverächter“ usw.[7]

Auch in den modernen Städten ist für einen Teil der männlichen Jugendlichen die Gruppe oder Bande für den Identifikationsprozeß von großer Bedeutung. In vielen Fällen ist die „Bande“ für den Jugendlichen die stabilste und solidarischste Gruppe, der er jemals angehört hat, und die erste reale Möglichkeit, essentielle Aspekte seiner männlichen Rolle zu erlernen.

Allgemein kann gelten, daß Jungen sich ihrer Geschlechtsrolle früher bewußt sind als Mädchen und eine stärkere Geschlechtsrollenpräferenz zeigen, was nicht zu verwundern braucht, da die männliche Rolle als die wichtigere gilt. Der Junge sieht sich mit abstrakten Forderungen nach Selbständigkeit, Härte und Durchsetzungsvermögen konfrontiert und ist gedrängt, die Attribute seiner Geschlechtsrolle überzubetonen. Dabei ist er auf die Gruppe Gleichgeschlechtlicher besonders angewiesen.[8] Für Jugendliche, die keine vielversprechende Zukunft vor sich sehen, die kein „Stück vom Kuchen“ erwarten können, sind die Forderungen nach Selbständigkeit, Härte und Durchsetzungsvermögen noch unmittelbarer und der Druck, sich von der sozialen Ohnmacht durch das Zurschaustellen des persönlichen Wertes zu distanzieren, noch größer. Um als Mann zu gelten, muß man in manchen Gruppen „tough“ (hart) sein, und dies auch zeigen.[9] Dazu gehört körperliche Geschicklichkeit und Stärke, Symbole der Männlichkeit wie etwa Tätowierungen, sexueller „Erfolg“, Mut, Durchsetzungsvermögen usw. Hier wird — zumindest für den Lebensabschnitt, in dem der Jugendliche Mitglied einer solchen Gruppe ist —

der Machismo zu einer männlichen Geschlechtsrolle. Er zeigt sich dabei nicht als diffuse Vorstellung von Männlichkeit, aus der jeder Mann die Werte übernehmen kann, die seiner Situation gerade entsprechen, sondern als konkrete, eng gefaßte Rolle, von der Abweichungen unweigerlich mit Prestigeverlust verbunden sind.

Eine weitere Komponente der „toughness“ des Mannes ist seine Verschlossenheit, und damit auch die Ablehnung von Schutz und Hilfe durch andere, da damit auch Kontrolle und Autorität assoziiert werden.

„No one's push me around“ — „Nadie me manda“, betonen Jugendliche in den USA ebenso wie in Mexiko, und ebenso teilen sie miteinander die Unstimmigkeit zwischen ihrem Anspruch und der sozialen Realität.

In Gesellschaften mit männlichem Anspruch auf Überlegenheit, in denen es aber an sozialen Mechanismen zur Erlernung der männlichen Geschlechtsrolle mangelt, ritualisierte Formen des Übergangs zur „Männlichkeit“ fehlen, und die Dominanz der Mütter über die Söhne bestehen bleibt, wird deren männlichkeitsbetontes Verhalten um so mehr zum krampfhaften Versuch, die Unsicherheit über das eigene „Mann-sein“ zu kompensieren.

DIE FLUCHT IN DIE MÄNNLICHKEIT

Zum Konflikt zwischen den patriarchalischen und matriarchalischen Strukturen in Mexiko

Die mexikanische Gesellschaft bietet den männlichen Jugendlichen keinen ritualisierten Übergang zum Erwachsenen-Status an, und auch soziale Formen von Lösungsbestrebungen von der Mutter sind kaum gegeben. Im Gegenteil: Die Bindung an sie wird idealisiert.

Dieser bereits angesprochene „Kind-Status“ der Männer durch deren ungelöste Mutter-Fixierung steht im Widerspruch zu den Wertmustern der Gesellschaft, die mit Männlichkeit Eigenschaften wie Stärke, Überlegenheit und Unabhängigkeit assoziiert. Von einer sich leicht aufdrängenden, oberflächlichen Schuldzuweisung an die „Mutter“, die ihre Söhne nicht „erwachsen werden läßt“, möchte ich mich hier allerdings ausdrücklich distanzieren; ihre Verhaltensmuster sind die Konsequenz der Reduktion der Frau auf die Familie und der Idealisierung der Mutterrolle im Patriarchat. Es entbehrt somit nicht einer gewissen Ironie, daß die Männer sich sehr bestrebt zeigen, die sie „entmannenden“ Strukturen aufrecht zu erhalten.[1]

Dieser sozial vorprogrammierte psychische Konflikt, mit dem sich eine große Zahl von Männern konfrontiert sieht, beschränkt sich nicht nur auf individuelle oder innerfamiliäre Bereiche, sondern ist ein Element der Auseinandersetzung der Geschlechter in einer Gesellschaft, in der das Patriarchat geschwächt und auf vielen Ebenen entmachtet wurde.

Dies trifft selbst auf die Mittelschichte zu, wo in den traditionellen Familien den Geschlechtsrollen noch am ehesten entsprochen wird. Auch hier hat die Frau im Rahmen des Handlungsspektrums ihrer Rolle eine domi-

1. Bild: Hör mal Chencho, seit wann ist deine Mutter ...?
Was? Wage es nicht, meine Mutter zu erwähnen
2. Bild: Meine Mutter ist heilig!
3. Bild: Siehst Du, Mutter, ich hab es diesem Kerl heimgezahlt. Ich werde es nie zulassen, daß Dein hochheiliger Name entehrt wird!
4. Bild: Laß den Blödsinn, mein Sohn

nierende Position inne. Sie organisiert das Leben der Familie, sie ist diejenige, die das Benehmen der Kinder bestimmt, deren Freunde und Verlobte beurteilt, akzeptiert oder ablehnt, die über die Zuneigung der Kinder verfügt und den Ehemann damit und mit seinem schlechten Gewissen manipuliert.[2] „Marianismo" nennt Evelyn P. Stevens, die sich mit dieser Rolle der Frau auseinandergesetzt hat, den Kult um die „Heiligkeit" der Mütter und die moralische Überlegenheit der Frauen. Sie führt ihn auf vorspanische Einflüsse zurück, deren Bedeutung sich von der Kolonialzeit bis in die Gegenwart in der Verehrung der Jungfrau von Guadalupe zeigt.[3]

Die mit „Marianismo" umschriebene Bedeutung des matriarchalischen Elements in den traditionellen Familien, die einflußreiche Position der Frau und die Anerkennung ihrer moralischen Überlegenheit, darf allerdings nicht über ihre reale soziale Beschränkung hinwegtäuschen. Zu beurteilen, wie drückend Frauen diese Rolle erleben, scheint mir nicht möglich.

In den sozialen Unterschichten ist der Einfluß der Frauen nicht auf eine moralische oder emotionale Komponente beschränkt, sondern basiert schlicht auf ihrer lebensnotwendigen ökonomischen Bedeutung. Vor allem in den urbanen Gebieten ist es keineswegs selten, daß ausschließlich Frauen für den Lebensunterhalt ihrer Kinder aufkommen; und dies nicht nur in den vielen Fällen, wo sie die Alleinerziehenden sind, sondern auch dann, wenn sie mit einem Partner zusammenleben — den sie oftmals auch noch mitversorgen müssen.

Auf dem Land ist die Quote der alleinverdienenden Frauen zwar geringer, eine Herrschaft der Männer ist aber auch hier keineswegs gegeben. Auch wenn die reale Alltagserfahrung dagegen spricht, bleibt die patriarchalische Ideologisierung nach außen hin bestimmend. In einer von Fromm und MacCoby verfaßten Studie über die Charakterstruktur der mexikanischen Landbevölkerung wurden Frauen über ihre Meinung zum Verhältnis der Geschlechter befragt. Dabei bejahten 80 % die Dominanz der Männer als die „Ordnung wie es sein sollte".[4] Diese verbale Befürwortung des patriarchalischen Systems, die oftmals im krassen Gegensatz zu der gelebten Realität steht, wird auch von den Medien gefördert. Insbesondere die vielgelesenen „foto-novellas“ perpetuieren das Bild der passiven, unterlegenen Frau, die — auch wenn sie einen Platz in der Öffentlichkeit innehat — schlußendlich doch noch von einem starken Mann auf ihre angestammte Rolle als Mutter verwiesen wird. Weibliche Abhängigkeit wird hier als erstrebenswertes Ideal dargestellt.[5]

Den realen Beziehungen zwischen Mann und Frau entspricht dieses Ideal nur bedingt. Laut Oskar Lewis wird eine unterwürfige Ehefrau von den anderen Frauen eher als Närrin denn als vorbildhaft angesehen.[6] Und obwohl ein Mann, der nach der Heirat in dem Haus der Familie der Frau lebt, von den anderen Männern der von Lewis beschriebene Dorfgemeinschaft als „männliche Schwiegertochter“ verspottet wird, haben mehr als 20 % der Verheirateten matrilokalen Wohnsitz.[7]

Erich Fromm und Michael MacCoby interpretieren die von ihnen untersuchte Dorfgemeinschaft als ein zusammengebrochenes patriarchalisches System, in dem beinahe die Hälfte der Familien von Frauen dominiert werden.[8] Von einem ehemals intakten patriarchalischen System auf der Ebene der Dorfgemeinschaft auszugehen, wie es Fromm und MacCoby tun, erscheint mir problematisch. Dies nimmt jedoch keinen Einfluß auf die Effizienz des von ihnen konstatierten Widerspruchs zwischen der „Welt des Machismo“ — in der sich der Mann überlegen und erobernd erlebt — und der „Welt der Frauen“, die ihre Männer als unzuverlässig und als „kindlich und dumm“ einschätzen und ihr Verhalten ihnen gegenüber darauf abstimmen.[9]

Auf die daraus entstehenden Spannungen, auf den kastrierenden Bruch zwischen Ideal und Wirklichkeit reagieren die Männer mit demonstrativem Männlichkeitsverhalten. Auch in der Untersuchung von Fromm und MacCoby korreliert ein hoher „Machismo-Wert“ mit einer schwachen Position des Mannes im Haushalt.[10] Vor allem in den Unterschichten, wo den Männern ihre Unfähigkeit als „pater familias“ durch ihr ökonomisches „Versagen“ nur allzu deutlich ist, kompensieren sie mit den offensichtlichsten Ausdrucksformen der durch den Machismo bestimmten männlichen Rollen.

1. Bild: Hier kommt euer Vater, Ihr Hurensöhne. Hier ist der größte Macho! Mal sehen, wer das nicht glaubt.
2. Bild: YUYUUIII JAIII JAYY! Hier kommt Euer Vater, Ihr Verdammten, hier ist der größte Macho. Na kommt schon her?
3. Bild: Was ist denn los, Söhnchen, was ist denn das für ein Benehmen?

Seine Schwäche drängt den machistischen Mann, den Kontakt mit der privaten, „weiblichen" Sphäre zu vermeiden, um sein Macho-Image nicht noch mehr zu gefährden. Der Rückzug der Väter in die Symbolwelt des Machismo, in die Inszenierung von Männlichkeit, erschwert es wiederum den Söhnen, eine ausgewogene Beziehung zu beiden Elternteilen aufzubauen; die Bindung zur Mutter bleibt ungebrochen und wird im Erwachsenenalter aufs Neue mit Machismo kompensiert.

DIE FRAU IN DER ÖFFENTLICHKEIT

Zum Widerspruch zwischen Rolle und sozialer Realität

Als Mittel, seine Schwäche innerhalb des Haushaltes zu kompensieren, und um sich wenigstens zeitweise der Illusion von Autorität und Überlegenheit hingeben zu können, bleibt auch dem sozial ohnmächtigen Mann immer noch seine körperliche Überlegenheit. Die Furcht der Ehefrau oder Lebensgefährtin und der Kinder vor dem sie prügelnden Vater ist für diesen nur allzuoft von Bedeutung, um seine Furcht vor mangelnder Männlichkeit zu zerstreuen.

Mehr als Vermutungen lassen sich über das Ausmaß der innerfamiliären Gewalt gegen Frauen nicht anstellen, da eine quantitative Erfassung nur beschränkt möglich ist. Mexiko unterscheidet sich hierbei keineswegs von anderen Ländern; die Ehefrau zu schlagen, ist ein gesetzliches Delikt; die Fälle, in denen es zur Anzeige kommt, sind aber äußerst selten. Furcht vor weiteren Repressalien des Mannes, die geringen Chancen, mit einer Anzeige zu ihrem Recht zu kommen, und die Angst vor Verlust des Ansehens (zynischerweise auch von jenem des Mannes) zwingen die Frau zu schweigen. Ein weiterer Grund, der mir beachtenswert erscheint, obgleich er sehr vorsichtig bedacht werden muß, ist das Einverständnis der Frauen damit, daß Männer eben prügeln. Obgleich sie darunter leiden — zum Leitbild der leidenden, sich aufopfernden Mutter werden sie ja früh erzogen —, verbindet doch ein Teil der Frauen (vor allem in den Unterschichten) Männlichkeit mit körperlicher Gewalt; und männlich sollen ihre Männer ja sein.[1]

Die äußerste Konsequenz dieser „Demonstration von Männlichkeit" ist für die Frauen die Bedrohung ihres Lebens oder — auf sexueller Ebene — die Bedrohung durch Vergewaltigung. Verläßliche Daten über die Anzahl von Vergewaltigungen in Mexiko oder vergleichende Studien zu anderen Ländern gibt es nicht.[2] Die Mehrzahl der Studien lassen aber auf eine hohe Zahl im Vergleich zu den schon erschreckend hohen Zahlen in den Industrienationen schließen. Die quantitativen Fakten belegen die latente Gefahr, mit der Frauen permanent konfrontiert sind bzw. die „Methode" systematischer Einschüchterung mit der „alle Männer alle Frauen" bedrohen.[3]

Die psychische Bedrohung ist von der physischen nicht zu trennen; von den im „Centro de Apoyo a las Mujeres Violadas" in Mexiko erfaßten Vergewaltigungen wurden in 90 % der Fälle die Opfer auch durch Schläge und andere Mittel körperlich mißhandelt.[4]

Die nicht-sexuellen Aspekte einer Vergewaltigung oder anderer, „milderer“ Formen sexueller Aggression sind entscheidend. Wo es zum Bestandteil der männlichen Rolle gemacht wird, daß diese ihre Sexualität zum Ausdruck bringen, während Entgegnungen der davon Betroffenen verpönt sind, wird Sexualität zur Gewalt und zu einem gesellschaftlichen Unterdrückungsinstrument.

Sexualität wird zum Machtmittel der Männer, um die Frauen in eine verwundbare Position zu verweisen und um sich gleichzeitig des eigenen „Wertes“ zu bestätigen, da die Möglichkeit zur Anwendung sexueller Gewalt einem Mann immer gegeben ist.

Die Werte des Machismo legitimieren und produzieren diese sexuell aggressive Komponente des Verhaltens der Männer, da Gewalt und Rücksichtslosigkeit, d. h. auch gegen den Willen anderer das zu tun, was man will, positiv bewertet werden. Die Verteidigungsmöglichkeiten der Frauen gegen sexuelle Übergriffe sind relativ beschränkt; dies drängt sie in jene Passivität, die von machistischen Männern mit „weiblich“ gleichgesetzt wird, während für den Mann schon allein die Tatsache, daß er der Handelnde, der Aktive ist, die Bestätigung seines „Mann-Seins“ mit sich bringt.

Dieser Beweis seiner Männlichkeit und die Bestätigung seines Bildes von dem „Wesen“ der Frau durch deren Diskriminierung als Sexualobjekt gewinnen für den machistischen Mann umso mehr an Bedeutung, je weniger sich die Rollen mit der realen sozialen Position decken; und hier zeigen sich nicht nur in der Familie, sondern auch in der Position der Frau in der Öffentlichkeit erhebliche Abweichungen von dem patriarchalischen Ideal. Das Stereotyp von der passiven, keuschen, sozial ohnmächtigen und auf den häuslichen Bereich beschränkten Frau entspricht nicht dem realen gesellschaftlichen Zustand und hat ihm auch nie entsprochen.

Ebenso wie im Spanien dieser Zeit wies auch die Kolonialgesellschaft krasse Widersprüche zwischen den durch kirchliche und literarische Quellen idealisierten Frauentypen und deren realer Tätigkeit und Stellung auf.

Julia Fitzmaurice-Kelly hat in einem 1927 publizierten Artikel die von diesen Quellen propagierten Bilder von der Frau im Spanien des 16. Jahrhunderts zusammengefaßt.[5]

Demzufolge liegt die Bestimmung der Frau in der Ehe, sie hat eine natürliche Neigung zur Frömmigkeit, sie sollte das Haus nie verlassen — außer bei Taufe, Heirat und Begräbnis, wie es manchmal pointiert formuliert wurde. Ein Mädchen sollte keinen Kontakt mit Jungen, und eine verheiratete Frau keinen Kontakt mit Männern — außer mit ihrem Ehemann — haben. Entscheidend für ihre „gute Erziehung" war bei den Mädchen in erster Linie ihre Bescheidenheit bzw. Unterwürfigkeit, mit der sie den ihnen zugewiesenen Platz akzeptierten. Als erwachsene Frau hatte sie völlig dem öffentlichen Leben zu entsagen und alles daran zu setzen, nie durch irgendeine Verhaltensweise den Ruf ihres Mannes zu gefährden. Auch als Witwe hatte sie Kontakt mit Männern jeder Art — auch Priestern — nach Möglichkeit zu vermeiden, wobei allerdings auch die Verfechter dieses Frauenbildes den Frauen der unteren oder mittleren Schichten etwas weniger an Restriktionen zugestehen mußten.[6]

Der Versuch der völligen Entmündigung der Frau ist allen patriarchalischen Gesellschaften immanent und im Spanien des 16. Jahrhunderts keineswegs am ausgeprägtesten. Obgleich die von den Spaniern überlieferten aztekischen Quellen des späten 16. Jahrhunderts mit Vorsicht zu beurteilen sind, da schwer festzustellen ist, wie sehr sie christlich-spanischen Vorstellungen auf die aztekische Gesellschaft projezierten, ist doch nicht zu bezweifeln, daß hier die Ideologie der Unterdrückung der Frau durch eine männliche Kriegergesellschaft konsequenter als bei den Spaniern durchgesetzt worden ist.[7]

Von der Stunde ihrer Geburt an wurde die aztekische Frau in ein durchorganisiertes System von Verhaltensregeln integriert, welches von der Familie, öffentlichen Erziehungsinstitutionen, kriegerischen Gruppierungen und der Religion aufrechterhalten wurde. All diese sozialen Kontroll- und Erziehungsmechanismen wirkten zusammen, um eine möglichst vollständige Indoktrination des Individuums mit den Werten der Gesellschaft zu erreichen. Nicht die individuelle Entfaltung, sondern die Selbstkontrolle und die Unterdrückung persönlicher Be-

Abb. 31: Bestrafung von Ehebrechern: Der Mann wird gesteinigt, während die Frau mit einem Seil erdrosselt wird. (Códice Telleriano-Remensis)

dürfnisse war das Erziehungsziel. Emotionen und Triebe wurden als destruktive Kräfte aufgefaßt, die nur in ritualisierter Form und zu speziellen Gelegenheiten zum Vorschein kommen durften.

Die rituelle Ansprache der Hebamme nach erfolgter Geburt eines Mädchens illustriert auf das deutlichste den Platz, den die aztekische Gesellschaft der Frau zuweisen wollte:

Du sollst innerhalb des Hauses sein, wie das Herz innerhalb des Körpers; du sollst nicht außerhalb des Hauses gehen, noch sollst du die Gewohnheit haben, irgendwohin zu gehen; du sollst die Asche sein, mit der man das Feuer des Hauses bedeckt; du sollst der Dreifuß sein, auf den man den Kochtopf stellt; an diesem Ort unterrichtet uns unser Herr (Gott); hier sollst du arbeiten, und deine Arbeit soll sein, Wasser zu tragen und den Mais auf der Metate zu mahlen; hier sollst du schwitzen, neben der Asche und dem Herd.[8]

Wie andere patriarchalische Gesellschaften sahen auch die Azteken Unterlegenheit und Passivität der Frau als das „Natürliche“ an, betrachteten dies aber gleichzeitig mit Unbehagen und Angst. Die Männer versuchten mit allen Mitteln, sich insbesondere die Keuschheit der Frau zu sichern, da Ausüben von Sexualität mit dem Ausüben von Macht gleichgesetzt wurde.

Die weibliche Sexualität wurde sowohl von der Gesellschaft als Ganzem, wie auch von dem einzelnen Mann als bedrohlich wahrgenommen; dies um so mehr, als die Frau dem Mann als sexuell überlegen angesehen wurde. Lopez Austin betont, daß in der Vorstellung der Azteken der Mann sich durch sexuellen Verkehr erschöpfe, da sein Sperma begrenzt sei. Aus diesem Grund sollte er auch so spät wie möglich mit sexuellen Beziehungen beginnen, um auch im Alter potent zu sein. Im Gegensatz zu den Männern verlieren die Frauen ihr Geschlechtssekret nie und bleiben aus diesem Grund unersättlich.[9]

Zumindest tendenziell sahen sich die spanischen Männer dieser Zeit mit derselben Problematik konfrontiert. Auch hier bildete die Sexualität einen entscheidenden Faktor in dem Versuch, die Frauen zu unterdrücken, auch hier bildete sie den Kern der geforderten und gepriesenen weiblichen Keuschheit; eine Eigenschaft, welche der Frau vor allem Passivität abverlangte. Öffentliche Aktivität sollte Männersache sein, sexuell aktiv zu sein, wurde auch bei den Spaniern mit dem Ausüben von Macht und eigenem Willen gleichgesetzt.[10]

Für diejenigen Männer, die beanspruchten, daß ihre Frauen und Töchter völlig diesem Ideal entsprechen sollten, wurden die weiblichen Familienmitglieder zu einer permanenten Bedrohung ihrer Ehre und damit auch ihrer sozialen Existenz. Zweifelsohne orientierten Teile der Gesellschaft ihr Verhalten an diesen restriktiven Sexualnormen, daneben zeigen sich aber auch ganz andere Beziehungsmuster zwischen den Geschlechtern.[11]

Neue Arbeiten zur Mentalitätsgeschichte, wie beispielsweise „The Spanish Character. Attitudes and Mentalities from the Sixteenth to the Nineteenth Century" von Barolome Bennassar, zeigen ein ganz anderes Bild der spanischen Gesellschaft, als jenes, das etwa Fitzmaurice-Kelly, basierend auf der Lektüre von kirchlichen Quellen und „Erziehungsanleitungen", entworfen hat. Bennassar interpretiert die Körperfeindlichkeit, die Verdrängung von Sinnlichkeit und Erotik und die Devotion der Frauen gegenüber unterdrückenden Sexualnormen wie sie oftmals als für Spanien typisch angesehen werden, hauptsächlich als eine Projektion der Gegenwart.

> Ich glaube überhaupt nicht an diese Angst vor dem Körper, die in den katholischen Mittelmeerländern über Jahrhunderte hin geherrscht haben soll. Angst vor dem Körper ist ein Produkt des Nordens, ein Produkt von Puritanismus und Jansenismus, die aber in den südlichen Ländern erst nach 1850 Anhänger gewannen.[12]

Bis zum 19. Jahrhundert wurden in Spanien sexuelle Beziehungen außerhalb und vor der Ehe von der großen Mehrheit der Bevölkerung als völlig legitim und natürlich angesehen; die Auffassung, daß Priester Konkubinen haben sollten, herrschte in vielen Gebieten vor und die Prostitution war weit verbreitet und nahm einen festen Platz im sozialen Leben ein.[13]

Die Aufarbeitung der Inquisitionsakten der Jahre 1725—1727 für die Ortschaft Carcagente brachten Bennassar zu dem Schluß, daß: „Es scheint, daß in Carcagente jeder mit jedem schlief[14]", und es kann als gesichert gelten, daß Carcagente keineswegs eine besondere Ausnahme darstellte. Zeitgenössische Beobachter wie Henry Swinburne oder Joseph Townsend kamen unabhängig von einander zu der Ansicht, daß „kein anderes Land solche schamlosen Liebesaffairen und solche Aspekte von zügellosen Ausschweifungen zeigte."[15]

Die „zügellosen Ausschweifungen" von Männern und von Frauen sind nur ein Element der Interaktion zwischen den Geschlechtern, die keineswegs durch die passive Unterordnung der Frau geprägt war.

Heirat war in erster Linie ein rechtlicher Akt, um eine Familie zu gründen, die wichtig war für die Zeugung und Erziehung der Kinder und die Erhaltung und Weiterführung von Erbteilen.[16] Aus diesem Grund wurde selbst in den sozial schwächeren Schichten bei den meisten Eheschließungen ein Kontrakt vereinbart, welcher die mit in die Ehe gebrachten Werte und ihre Verteilung genau regelte. Die Ehe war auch ein Handel, bei dem Zuneigung keineswegs immer die entscheidende Rolle spielte und bei dem der Beitrag der Frau bedeutend und ihre Stellung einflußreich war.

Cellorigo, ein Autor des 17. Jahrhunderts, beschreibt die ökonomische Stellung der Frau in der Ehe und die sich daraus ergebenden Konsequenzen sehr pointiert.

Sie (die Männer) wollen Frauen, die sie aushalten, so daß sie faulenzen und flanieren können. Für sie zählen Gold und Silber mehr als Tugenden.[17]

Die ökonomische Situation der Frau im kolonialen Lateinamerika war leider noch bis vor einigen Jahren kaum ein Thema historischer Forschung und ist somit nur fragmentarisch erfaßt. Die neuerdings dazu erschienenen Arbeiten bestätigen aber doch insgesamt, daß die oftmals zitierte Ohnmacht der Frau in der Kolonialzeit eine nachträgliche Ideologisierung ist.

Ihre legale Position war zwar schlechter als die des Mannes, aber erstaunlicherweise weniger durch repressive Zwänge bestimmt, als beispielsweise jene der Frauen in England zu dieser Zeit.[18] In den sozial höheren Schichten

Abb. 32: Mexikanische Fabriksarbeiterinnen um 1920.

bot insbesondere die Witwenschaft der Frau ein außerordentliches Maß an sozialen und rechtlichen Freiheiten.[19] Auch wenn sie noch jung war, wurde von ihr nicht erwartet, daß sie als Witwe in das Haus ihrer Eltern zurückkehrte; sie bekam die uneingeschränkte Kontrolle über ihre Mitgift und dazu die Hälfte des Landbesitzes ihres verstorbenen Ehemannes oder der während der Ehe erworbenen Güter. Auch das Fürsorgerecht über die Kinder und das Recht, deren Besitz bis zu ihrer Großjährigkeit zu verwalten, ging auf die Witwe über.[20] Dadurch stand nicht nur ein beträchtlicher Teil des Landbesitzes unter der direkten Kontrolle von Frauen, sondern auch — wie Asuncion Lavrin in ihrer Arbeit über die Frau im kolonialen Mexiko betont — eine Fülle anderer Wirtschaftszweige. Frauen besaßen Zuckermühlen, Minen, Rinderfarmen, Weingeschäfte (vinaterías), Unternehmen der Textilerzeugung (obrajes), Wachs- und Zigarrenfabriken. Da die Gesetze den Witwen verstorbener Handwerker die Übernahme des Gewerbes erlaubte — selbst wenn sie sich wieder verheirateten —, nutzten vielen unter ihnen die Erfahrung, die sie in der Zusammenarbeit mit ihren Ehemännern gewonnen hatten, und arbeiteten in so verschiedenen Professionen wie etwa als Schweinehändlerinnen, Vergolderinnen, Musiklehrerinnen, Geldverleiherinnen oder als Besitzerinnen von Geschäften.[21]

Diese Abweichungen vom „Ideal der Frau", wie es in damaligen didaktischen Schriften verbreitet wurde, waren in den sozial schwächeren Schichten noch offenkundiger. Für die breite Masse der Kolonialbevölkerung konnte der Anspruch auf die Beschränkung der Frau auf den häuslichen Bereich nicht mehr als rein verbaler Natur sein — falls dies überhaupt in dieser Schicht ein Bestandteil der Rolle der Frau war. Obwohl bis heute von der Geschichtswissenschaft und dem männlichen Bewußtsein nach Möglichkeit ignoriert, leisteten die Frauen durch ihre direkte ökonomische Beteiligung einen entscheidenden Anteil an dem Bestehen des kolonialen Wirtschaftssystems. Sowohl in den ruralen wie auch in den urbanen Gebieten arbeiteten indianische und gemischtrassige Frauen als Hausangestellte, Ammen, Köchinnen, Wäscherinnen und Hausiererinnen. Viele von ihnen besaßen in den Dörfern, in

Abb. 33: La Soldatera.

denen sie lebten, ein Haus, etwas Land oder ein Geschäft und konnten somit einen von einem Mann unabhängigen Status für sich beanspruchen.[22]

An diesem gesellschaftlich verdrängten Mißverhältnis zwischen der Unabhängigkeit der Frau und dem patriarchalisch- bzw. machistischen Anspruch auf die Herrschaft der Männer hat sich bis heute nichts geändert. Einige Analysen der sozio-ökonomischen Partizipation der Frau in Mexiko sehen darin allerdings keinen Widerspruch, sondern betonen, daß die Art der Tätigkeit der Frauen, die sich größtenteils auf „typische" Frauenberufe beschränkt, die traditionellen Geschlechterrollen perpetuiert.[23] Diese Tendenz, daß Frauen größtenteils Berufe ausüben, die von der Gesellschaft als „weiblich" beurteilt werden, und die in Übereinstimmung mit den als typisch weiblichen Tugenden angesehenen Eigenschaften stehen, ist natürlich kein speziell mexikanisches oder lateinamerikanisches Phänomen. Dort aber, wo, wie in Mexiko, ein beträchtlicher Teil der Bevölkerung unter der Armutsgrenze lebt, erweisen sich die kulturellen Schranken zwischen männlichen und weiblichen Tätigkeiten für die Männer nicht immer von Vorteil. Die Übernahme von Frauenarbeit durch Männer wird tabuisiert, da dies zu einer allgemeinen Abwertung von Männlichkeit in der Gesellschaft führen würde; eben diese Männlichkeit ist aber durch ein fehlendes Einkommen auch in Frage gestellt. Die Männer der sozial schwachen Schichten sehen sich einem „doublebind" gegenüber: Weibliche, d. h. „entmannende" Tätigkeiten anzunehmen, scheint ihnen nicht möglich, der dadurch nur allzuoft lebensnotwendige Alleinerwerb der Frauen steht aber auch im Gegensatz zu der männlichen und weiblichen Rolle im Patriarchat.

Ebenso unvereinbar mit den traditionellen Mustern von Männlichkeit und Weiblichkeit ist die Übernahme von Männerarbeit durch Frauen, da dies zumindest tendenziell entweder zu einer Abwertung der jeweiligen Tätigkeit oder zu einer Aufwertung der Frauen führen muß.[24] Im Vergleich zu den hochindustrialisierten Ländern finden sich aber keine signifikanten Unterschiede in den gesellschaftlich akzeptierten Berufsmöglichkeiten der Frau.[25] Es liegt mir fern, die Industrienationen als eine von den traditionellen Geschlechtsrollen emanzipierte Gesellschaft anzusehen, aber daß sich in diesem Bereich so wenig Unterschiede zu einer „machistischen“ Gesellschaft finden, läßt doch erstaunen.

Krasse länderspezifische Abweichungen sowohl in der Möglichkeit der Berufswahl wie auch in der prozentualen Beteiligung der Frauen am Arbeitsmarkt zeigt hingegen ein Vergleich zwischen den lateinamerikanischen Staaten und dem Mittleren Osten, den Nadia Youssef Anfang der siebziger Jahre durchgeführt hat.

Zu dieser Zeit waren ihren Daten zufolge in Mexiko (wie auch in Chile, Ecuador, Venezuela und Peru) 50 % aller professionellen Arbeiter/innen Frauen, ein Drittel aller „white-collar“-Angestellten und mehr als ein Viertel der in den modernen Industriesparten Beschäftigten. In dem gesamten nichtlandwirtschaftlichen Arbeitsmarkt Lateinamerikas waren ein Drittel Frauen; ein Fünftel aller erwachsenen Frauen waren in dem sekundären oder tertiären Wirtschaftsbereich aktiv.[26]

Ihre vergleichenden Daten von den Ländern des Mittleren Ostens zeugen dagegen von einer völlig verschiedenen Situation; hier ist der Prozentsatz der außerhalb der Landwirtschaft beschäftigten Frauen nur knapp über 3 %.[27]

Ähnlich gravierende Differenzen zwischen diesen beiden Kulturkreisen finden sich auch in der Verteilung der Bildung. Die von Youssef verwendeten Daten aus dem Demographic Yearbook der United Nations von 1973 geben das Verhältnis von Analphabeten zwischen Männern und Frauen in Mexiko mit 29,8 : 39,3 und im Mittleren Osten mit 63,7 : 89,3 an.[28]

Mexikanische Statistiken deuten sogar auf ein etwas niedrigeres allgemeines Bildungsniveau der Männer hin.[29]

Dieser Kontrast in der realen Umsetzung des Ideals der unterlegenen Frau zweier männlichkeitsbetonter Kulturkreise illustriert den unsicheren Boden, auf dem der machistische Mann in Lateinamerika steht. Trotz der zu beachtenden Einschränkung, daß die Mehrzahl der Frauen in entsprechenden — d. h. „typisch weiblichen“ — Berufen tätig ist, und daß die Rolle nicht zwangsläufig von der realen sozialen Position bestimmt wird, bleibt doch die

Tatsache bestehen, daß weibliche Bildung und Arbeitsplätze von den Männern emotional abgelehnt werden, da dies ihren Anspruch auf Überlegenheit in Frage stellt. Dies trifft vor allem auf die Unterschichten zu, in denen den Männern die ökonomische Unabhängigkeit oder gar Überlegenheit der Frauen ihre eigene Schwäche bewußt macht.

Eine Frau, die arbeitet, respektiert ihren Ehemann nicht mehr. Sie sagt: „Meinen Mann? Wozu brauche ich ihn denn? Ich kann mein eigenes Geld verdienen." Deswegen erlauben wir es nicht.[30]

Diese Meinung von Pedro Martínez ist kein Einzelfall; sie steht beispielhaft für eine Fülle von Erklärungen männlicher Interview-Partner über ihre Einstellung zu weiblicher Lohnarbeit.[31]

Die dem machistischen Mann unterlegene Frau, die zu einem „vollkommen passiven Wesen wird, das dann der große Mann mitschleifen muß, während sie sich an seine Schultern klammert und die Beine baumeln läßt", wie ein bekannter mexikanischer Psychonanalytiker schrieb[32], gibt es als den Typus der mexikanischen Frau sicherlich nur in seinen Wunschphantasien und in der vieler Männer. Die Realität ist davon so weit entfernt, wie der machistische Mann von seinem Anspruch, „männlich" zu sein.

Schlußwort

Machismo ausschließlich als repressives Stereotyp von Männlichkeit zu sehen, unter dem Frauen leiden und Männer wegen der Unerfüllbarkeit des Anspruchs, ein „ganzer Mann“ zu sein, frustriert stöhnen, wird der Thematik nicht gerecht.

Machismo ist eine Vorstellung von Männlichkeit, die Grenzen setzt; Grenzen zwischen den „männlichen“ Aspekten der Welt und den „weiblichen“. Als solche verhilft sie durchaus auch beiden Geschlechtern zu „gesicherten“ Freiräumen, zur Abgrenzung gegenüber als bedrohlichen wahrgenommenen Einflüssen und zu Identität, Selbstachtung und Schutz.

Der Macho versucht die Abgrenzung gegenüber dem „weiblichen“ in erster Linie auf individueller Ebene und nicht so sehr als Teil einer geschlossenen, solidarischen männlichen Gruppe. Die Aufteilung der Welt in Überlegene und Unterlegene — die der Polarisierung von männlich und weiblich entspricht — macht hier nicht an den Grenzen des Geschlechts halt, sondern setzt sich auch unter Männern mit gleicher Intensität fort.

Dies ist vielleicht die wesentlichste Eigenheit des Machismo gegenüber anderen Formen von betonter Männlichkeit; darüber hinaus dominieren die Gemeinsamkeiten vor den Unterschieden. Unabhängig von politischen Systemen oder Kulturen ist ein „ganzer Mann“ einer, der sich die Grenzen gegenüber der „Weiblichkeit“ bewahrt — gegenüber jenen der Welt und gegenüber jenen in sich selbst.

Anmerkungen

Vorwort

1 Vgl. Harris, S. 20.
2 Womack, S. 216.
3 Vgl. Postl. Diese Arbeit über geschlechtstypisches Sprachverhalten hat mir viel über das Wirken von Geschlechtsstereotypen auf allen Ebenen individuellen Handelns verdeutlicht. Unveröffentlichtes Manuskript, Wien 1987
4 Vgl. Mitterauer, 1987.

Zur Etymologie des Begriffes „Machismo'

1 Vgl. Veyne, S. 45.
2 Vgl. Aries, S. 53.
3 Weder im „Brockhaus" noch in der „Encyclopedia Britanica", der „Encyclopedia Americana" oder dem „Grande Larousse" wird der Begriff berücksichtigt, ebensowenig in dem „Duden Fremdwörterbuch", dem „Oxford English Dictionary", dem „Dictionaire de la Langue Francais" von Emile Litré, oder dem „Grande Dizionario della Lingua Italiana".
4 Vgl. Palau de Nemes, S. 2.
5 Briggs and Alisky, S. 135.
6 Heath, S. 146.
7 Alisky, S. 56.
8 Vgl. Paredes, S. 19.
9 Ebd., S. 23.
10 Zitiert nach Paredes, S. 22.
11 Zitiert nach ebd., S. 22.

Der Machismo als Folge der Kolonialisierung und als prägendes Element einer Kolonialgesellschaft

1 Darin, daß für den spanischen Christen in der Zeit der Rekonquista der Friede nie so produktiv wie der Krieg war, stimmen Americo Castro und Claudio Sanchez-Albornoz, die beiden wohl bekanntesten spanischen Historiker, die sich speziell mit der Entwicklung der spanischen Mentalität beschäftigt haben, überein.
2 Ich verdanke Bernd Hausberger den kritischen Hinweis darauf, wie fragwürdig der Begriff „Rekonquista" — Wiedereroberung ist.

3 Vgl. Castro (1957), S. 46.
4 Vgl. Lomax, S. 156f.
5 Claudio Sanchez-Albornoz spricht von einem „Wirbelwind von Freiheit“ der ab dem 9. Jahrhundert das politische Klima in den Grenzgebieten bestimmte. Zum Prozeß der sukzessiven Einschränkung dieser Freiheiten vgl. Rünzler, S. 49ff.
6 In der Figur des „Don Quijote“ fand zwei Generationen später diese Form von Idealisierung der Vergangenheit ihren wohl bekanntesten „Helden“. Obwohl bis zum Äußersten verzerrt, finden sich in der Figur des „Ritters von der traurigen Gestalt“ doch eine Fülle von Anregungen zum Verständnis der Welt des Goldenen Zeitalters.
7 Vgl. Moreno Toscano, S. 320. Lafaye (1984), S. 19.
8 Vgl. Lafaye (1984), S. 142.
9 Vgl. Cortéz, S. 264.
10 Vgl. Bennassar (1979), S. 81.
11 Zahlreiche Beispiele aus den Berichten der Konquistadoren belegen, wie literarische Quellen und tradierte Überlieferungen nicht nur ihre Erwartungen prägten, sondern auch die Wahrnehmung der Begebenheiten verformten. Vgl. Castro (1957), S. 572.
12 Die Literatur zu den „mittelalterlichen“ Vorstellungen der Konquistadoren ist leider nicht sehr ergiebig. Vgl. Irvin A. Leonhard, S. 41ff., und Luis Weckmann, S. 55ff.
13 Wolf, S. 161.
14 Zitiert nach Castro (1957), S. 572.
15 De Diaz, S. 161.
16 Zum Zusammenhang zwischen Ehre bzw. Prestige des Kriegers und der gesellschaftlichen Organisation bei den Azteken hat Mario Erdheim zwei beeindruckende Bücher geschrieben. Vgl. Erdheim (1972) und Erdheim (1982).
17 Zitiert nach Caro Baroja, S. 106.
18 In Übereinstimmung vieler Autoren des 16., 17. und 18. Jahrhunderts sieht beispielsweise Alejo de Vanegas die Verachtung der Arbeit als eines der Hauptübel der spanischen Gesellschaft an. Vgl. dazu Rünzler, S. 49ff.
Der englische Reisende Barolome Joly verstärkt dieses Bild von den Spaniern, wenn er über die Handwerker am Hof Philips II. schreibt, daß sie: „... ihre Arbeit voller Verachtung ausführen, als möchten sie sie nur schnell hinter sich bringen; manchen von ihnen, besonders die Silberschmiede, sitzen mit umgehängten Mantillas mißmutig bei ihrem Werk, aber schon zwei oder drei Stunden nach dem Mittagessen kann man sie, den Degen an die Seite gegürtet, durch die Straßen prominieren sehen, und sobald sie nur zwei- oder dreihundert Reales zusammengekratzt haben, sind sie auch schon Edelleute und sehen keinen Grund mehr dafür, auch nur einen Finger zu rühren. Zitiert nach Byron, S. 25.
19 Vgl. Bennassar (1979), S. 118.
20 Vgl. Kamen (1980), S. 260.
21 Vgl. Defourneaux, S. 43.
22 Zitiert nach Kamen (1983), S. 105.
23 Vgl. Lira und Muro, S. 447.

24 Vgl. Kamen (1980), S. 250.
25 Elias, Bd. II, S. 324.
26 Ebd., S. 346.
27 Zitiert nach Defourneaux, S. 41.
28 Lazarillo de Tormes, S. 63f.
29 Vgl. Caro Baroja, S. 109f.
30 Vgl. Goytisolo, S. 40.
31 Vgl. Kamen (1983), S. 133.
32 A. Dominguez Ortiz, La desigualidad contributiva en Castilla durante el siglo XVII. Zitiert nach Konetzke (1962), S. 154.
33 Zitiert nach Todorov, S. 173.
34 Vgl. Benítez (1984), S. 149.
35 Zitiert nach Defourneaux, S. 38.
36 Cervantes, S. 493.
37 Ebd., S. 273.
38 Calderon hat beispielsweise in dem Stück „Der Alcalde von Zalamea" einen Konflikt zwischen Bauern und einem „Soldaten" mit einem für den „ehrenhaften Bauern" positiven Ausgang enden lassen. J. H. Elliott argumentiert dagegen überzeugend, daß in der Mehrheit der Fälle der Bauer in solchen Auseinandersetzungen wenig Chancen hatte. Vgl. Elliott, S. 295.
39 Vgl. Kamen (1983), S. 193.
40 Zitiert nach Todorov, S. 181.
41 Ebd., S. 182f.
42 Aus einem Bericht einer Gruppe von Dominikanern von 1519. Zitiert nach ebd., S. 170.
43 Aus einem Bericht Las Casas. Zitiert nach ebd., S. 171.
44 Darstellung von Diego Landa, Bischof von Yucatan. Zitiert nach ebd., S. 172.
45 „Mittelalterlich" ist sicherlich ein mit Vorsicht zu behandelnder Begriff, insbesonders in dem Zusammenhang mit Grausamkeit. Im allgemeinen Sprachgebrauch wird „mittelalterlich" als Eigenschaftswort für jede Art von besonderer Grausamkeit verwendet (wobei hier meistens körperliche Grausamkeit als „mittelalterlich" bzw. „barbarisch" charakterisiert wird). Ich beziehe hier „mittelalterlich" ausdrücklich auf den historischen Zeitraum.
46 Elias, Bd. II, S. 96.
47 Ebd., Bd. II, S. 98.
48 Ebd., Bd. I, S. 266.
49 Ebd., Bd. II, S. 327.
50 De Madariaga, S. 166.
51 Ebd., S. 19.
52 Mörner, S. 22.
53 Jaques Lafaye, der ebenfalls Gold und Frauen als die beiden wichtigsten Erwartungen der Spanier an die Neue Welt einschätzt, sieht dies als typisch für Gesellschaften an, in welchen „aspiraciones espirituales" auf eine kleine Minderheit beschränkt bleiben. Vgl. Lafaye (1984), S. 155.
54 Wie bedrohlich die indianischen Frauen für die Spanier tatsächlich waren, ist mir nicht möglich zu beurteilen. Im Laufe der Literatur-

recherche für diese Arbeit bin ich auf keine Studie über den weiblichen Widerstand gegen die Konquistadoren bzw. Kolonialherren gestoßen.

55 Vgl. de Díaz, S. 330.

56 Vgl. ebd., S. 310 und S. 352.

57 Vgl. ebd., S. 175 und S. 80.

58 Vgl. beispielsweise Mörner, S. 23.

59 Zitiert nach Todorov, S. 170.

60 So erhielt beispielsweise der Kommandeur einer Expedition in Cartagena die Instruktion, er soll dafür sorgen, daß „kein Soldat mit einer India schläft, die keine Christin ist". Zitiert nach Mörner, S. 25.

61 Bericht von der zweiten Reise des Kolumbus. Zitiert nach Todorov, S. 63f.

62 Konetzke (1965), S. 89.

63 Ebd., S. 90.

64 Elinore C. Burkett hat in ihrer Arbeit über die Stellung der indianischen Frau im Peru des 16. Jahrhunderts überzeugend auf diesen Punkt hingewiesen. Vgl. E. C. Burcett, 1978.

65 Zitiert nach Erdheim (1972), S. 59. Männlich war der aztekische Krieger, wenn er sich als tapfer erwies; zeigte er sich feige, war er wie eine Frau. Bezeichnend für diese Haltung ist der Vorwurf mit dem Cuahtemoc — der tapfere Krieger — Moctezuma attakiert: „Was sagt denn dieser Wicht Moctezuma, diese Frau der Spanier, wie man ihn getrost nennen kann, da er sich ihnen doch mit weibischem Gemüt aus reiner Angst ergeben und uns alle durch seine Beschwichtigungen in diese Drangsal gebracht hat." Zitiert nach Todorov, S. 113.

66 Zitiert nach ebd., S. 67.

67 Zitiert nach Soustelle, S. 202.

68 Gibson (1966), S. 36.

69 Vgl. dazu auch S. 117: Polarisierung des Frauenbildes.

70 Zitiert nach Todorov, S. 205.

71 Vgl. ebd., S. 84ff. und S. 184.

72 Paz (1980), S. 85.

Die Mestizaje — Zum Zusammenhang zwischen Rassismus und Machismo

1 Woodrow Borah und Sherburne Cook, The Aboriginal Population of Central Mexico on the Eve of the Spanish Conquest, Berkely and Los Angeles, 1963.
Sherburne Cook und Woodrow Borah, The Indian Population of Central Mexico, 1531—1610, Berkely and Los Angeles, 1960.

2 Zitiert nach Gibson (1966), S. 63.

3 Vgl. Florescano und Sánchez, S. 536.

4 „Die Masse der Mestizo-Bevölkerung war sozial als etwas anderes getarnt", schreibt J. G. Israel in seiner Arbeit „Race, Class and Politics in Colonial Mexico". Vgl. ebd., S. 63.

5 Vgl. Bennassar (1980), S. 208.

6 Stanley und Barbara Stein nehmen an, daß durch die zunehmende ökonomische Bedeutung der gemischtrassigen Bevölkerung sich diese Form von Rassismus ab dem 18. Jahrhundert wieder abschwächte.

Vgl. ebd., S. 113f.
Trotz dieser Milderung hat sich bis heute an der Hierarchie der Rassen nichts Grundlegendes geändert. Die relative Verminderung von Vorurteilen gegenüber den Mestizen verringerte keineswegs jene gegenüber den Indios. Besonders die im 19. Jahrhundert zunehmende Verbreitung kapitalistischer Produktionsformen und die Bewunderung für die Technik und das europäische Wirtschaftssystem führten zu einem erneuerten Aufschwung der Rassentheorien in Mexiko. Ausbeutung und Expansion auf Kosten der Schwächeren wurden oftmals mit sozialdarwinistischem Gedankengut gerechtfertigt. Da Indianer der Lohnarbeit, den Möglichkeiten des neuen Wirtschaftssystems und der Forderung nach Produktionssteigerung weitgehend gleichgültig gegenüberstanden, wurde ihre Lebensform als das Resultat eines biologischen Atavismus ausgelegt. Vgl. dazu Beyhaut, S. 155ff.

7 Vgl. Haring, S. 202.

8 Dies blieb natürlich nicht ohne Einfluß auf die Beziehungen der Geschlechter bei den Indios, die vor der Konquista rigide reglementiert gewesen waren. Mit der Niederlage der Indios erfuhr auch dieser Teil ihrer Kultur einen radikalen Wandel. De Mendita, ein spanischer Priester und Chronist, beklagte schon in der ersten Phase der Konquista diese Entwicklung: What Indian in their times of infidelity (before their conversion) would have dared steal another's wife and openly go off with her? It would have cost him his life to have done so, nor could he have fled where he would not have been found out; now they have learned not only to do so without shame but even boastingly. Zitiert nach Bridges, S. 300.

9 Vgl. Konetzke (1965), S. 69.

10 Vgl. Boxer, S. 38.

11 Zitiert nach Konetzke (1965), S. 91.

12 Auch die Indios wurden vehement mit der Hispanisierung konfrontiert, konnten sich aber auf der Ebene kleinerer Einheiten wie dem „Calpulli" und der Familie besser gegen neue Einflüsse abschoten. Einen entscheidenden Beitrag zum Erhalt des kommunalen Lebens der Indios leistete die Kirche, welche nach und nach sämtliche Ereignisse in dem Leben einer Dorfgemeinschaft in einem Kontext mit der katholischen Religion brachte und sie dadurch lebendig erhielt. Vgl. Gibson (1964), S. 134f. Hier zeigt sich auch ein wesentlicher Unterschied zwischen der Kolonialgesellschaft Mexikos und jener in Nordamerika. Trotz aller Diskriminierung und Ausbeutung hatten die Indios durch die Religion einen Platz in dem sozialen System, während in den angelsächsischen Kolonien der ursprünglichen Bevölkerung selbst der unterste Platz in der Gesellschaft verweigert wurde.

13 Vgl. Stackelberg, S. 88ff., Dunn (1979).

14 Zitiert nach Goytisolo, S. 71f.

15 Ebd., S. 72.

16 Auch Lopez de Gomara, der Biograph von Cortés, läßt durchblicken, daß dieser in seiner Jugend einige Jahre als Picaro durch Spanien zog. Vgl. Lafaye (1984), S. 106.

17 Vgl. Israel, S. 77.

18 Vgl. Wolf, S. 203.
19 Vgl. Gemelli Careri, S. 22.
20 Vgl. Israel, S. 78.
21 Vgl. Lafaye (1977), S. 51f.
22 Vgl. Stein und Stein, S. 63.
23 Wolf, S. 239.
24 Die Mehrheit der — auch historisch orientierten — Arbeiten mexikanischer Autoren über Machismo, interpretieren diesen als einen Versuch, sich von der „indianischen Mutter" zu distanzieren und eine Identifikation mit dem „Vater" zu erreichen. Vgl. beispielsweise Santiago Ramirez, „El Mexicano". Im Kap. Der Mythos vom „ganzen Mann", S. 137 gehe ich ausführlich auf diese Thematik ein.
25 Paz, S. 81.
26 Ebd., S. 82.
27 Ebd., S. 82.
28 Ebd., S. 90.

Staat und Individualität. Zum Widerspruch zwischen abstraktem Recht und persönlicher Ehre in Kolonialherrschaft und Demokratie

1 Diese völlige Ausrichtung der Kolonien auf das Mutterland war keine Besonderheit des spanischen Staates. Sie findet sich — unabhängig von der jeweiligen Form der Kolonisation — auch in den Kolonien Portugals, Englands oder Hollands. Vgl. dazu Bitterli, S. 174f.
2 Zitiert in Haring, S. 194.
3 Vgl. Paz (1981), S. 85.
4 Vgl. Gibson (1966), S. 110.
5 Vgl. dazu auch Benítez (1984), S. 280f.
6 Gillin, S. 491.
7 „For Mediterranean honour derives from the domination of persons, rather than things" sagt Pitt-Rivers, S. 36.
Gillin spricht von dem „Individuum" im allgemeinen, wenn er den Unterschied zwischen den Vorstellungen von Individualität betont. Im Gegensatz zu ihm ziehe ich es vor, von dem „Mann" zu sprechen, da es für mich eine offene Frage ist, ob in den weiblichen Ehrvorstellungen diese Betonung der Individualität enthalten ist.
8 Vgl. Pitt-Rivers, S. 5.
9 Lope de Vega, Der Stern von Sevilla. Zitiert nach Byron, S. 23.
10 Cervantes, S. 330.
11 Pitt-Rivers, S. 36.
12 Lewis (1982), S. 179.
13 Ebd., S. 237.
14 Vgl. Lewis (1980), S. 32f.
15 Zitiert nach Riding, S. 142.
16 Zitiert nach ebd., S. 142.
17 Vgl. Buche, Metzger und Schell, S. 39.
18 Vgl. ebd., S. 39.
19 Zitiert nach ebd., S. 43.
20 Paz (1981), S. 85.

Gesellschaftlicher Status und Männlichkeit des Kreolen

1 Zitiert nach Pacheco, S. 18f.
2 Gemelli Careri, S. 22.
3 Ebd., S. 22.
4 Vgl. dazu insbesondere Fernando Benítez, „Los demonios en el convento“
5 Vgl. Gibson (1966), S. 131f.
6 Vgl. auch Caro Baroja, S. 110f.
7 Zitiert nach Castro (1957), S. 438.
8 Sor Juana Ines de la Cruz, die wohl bekannteste Poetin, Schriftstellerin und Denkerin der Kolonialzeit, verfaßte einige Gedichte über ihre männlichen Zeitgenossen, welche sich ihre Männlichkeit mit der „Eroberung“ von Frauen beweisen wollten. Sie nennt sie „necio“ — töricht; und „un hombre necio“ ist auch die Konnotation, die vor allem in älteren Lexika für den Begriff „Macho“ angegeben wird. Vgl. dazu de Nemes, S. 3.
9 Vgl. Benítez (1984), S. 181.
10 Vgl. ebd., S. 85.

Hirten, Caballeros und Charros. Zur Entwicklung und Verfremdung des Mythos vom „Männlichen Reiter“

1 Vgl. zur Situation in Ungarn: Tamás Hofer, Europäische Analogien der Entwicklung von Rinderzucht — Monokulturen in der Großen Ungarischen Tiefebene.
2 Es spricht für sich, daß im 12. Jahrhundert das Wort „ganado“ (gewonnen) als normale Bezeichnung für Vieh an Stelle von „res“ trat. Nicht nur die Viehhaltung sondern auch der Viehdiebstahl war zu dieser Zeit eine wichtige Quelle des Wohlstandes. Vgl. dazu Lomax, S. 159.
3 The Travels of Leo of Rozmital. Zitiert nach MacKay, S. 170.
4 Roberto S. Lopez, The origin of the merino sheep. Zitiert nach Braudel, Bd. I, S. 93.
Im 17. Jahrhundert gab es ca. zwei Millionen transhumant gehaltene Schafe und ungefähr die viermal so große Zahl von nichttranshumanten Schafen. Vgl. Kamen (1983), S. 70.
5 Manche Städte, wie z. B. Cuenca oder Cacares hatten sogar eigene Richter, welche die Herden begleitete, um Konflikte beilegen zu können. Vgl. Braudel, Bd. I, S. 94.
6 Zitiert nach Chevalier, S. 94. Chevalier belegt an Hand des rapiden Preisverfalles von Rindfleisch wie rasch sich die Viehzucht in Mexiko ausbreitete. Vgl. ebd., S. 92ff.
7 Diese Charakteristika der extensiven Viehhaltung gelten auch für die Große Ungarische Tiefebene. Tamás Hofer hat verblüffende Parallelen sowohl in der Wirtschaftsform wie auch in Lebensform und Ausrüstung des Hirten zwischen Spanien/Portugal, den amerikanischen Kolonien und Ungarn beschrieben.
8 Zitiert nach Chevalier, S. 94.
9 Vgl. Palau de Nemes, S. 3.
10 Vgl. Wright, Neckholm, S. 346.

11 Vgl. zu der Figur des Cowboys: Lonn Taylor und Ingrid Maar, „The American Cowboy“, sowie H. J. Stammel, „Der Cowboy“.
12 Zitiert nach Aramoni (1961), S. 188.
13 Zitiert nach Womack, S. 323.
14 Vgl. Monsiváis (1984), S. 90.
15 Zitiert nach ebd., S. 96.
16 Vgl. Braudel, Bd. I, S. 39.
17 Schneider, S. 4.
18 Vgl. ebd., S. 9.
19 Vgl. Denich, S. 248.
20 Vgl. Schneider, S. 18.
21 Vgl. Denich, S. 251.
22 Vgl. Michaelson und Goldschmidt, S. 251.
23 Vgl. Whitaker, S. 196. Da die affektive Verbundenheit der Frau zu ihrem elterlichen Clan oftmals zu Konflikten zwischen diesem und dem ihres Ehemannes führt, bildeten sich in manchen Gesellschaften rituelle Vermeidungen von diesem Kontakt heraus. Ian Whitaker beschreibt dies für das nördliche Albanien, wo die dort lebenden Verwandtschaftsgruppen sich Frauen aus möglichst weit entfernten Gebieten holen, um den Kontakt mit deren Familienverbänden möglichst gering zu halten.
24 Jane Schneider führt die außergewöhnliche Betonung der Virginität im Mittelmeerraum auch auf die Notwendigkeit zu Gruppensolidarität unter Männern zurück:

Männer wollen nicht nur die Sexualität von Frauen kontrollieren, Frauen sind für sie ein willkommener Mittelpunkt, das geeignetste Symbol, um das herum man solidarische Gruppen organisieren kann, trotz der starken Tendenz zur Fragmentierung. Wenn die weibliche Sexualität bösartig und falsch ist, dann sind Jungfrauen nicht nur etwas Besonderes, sie sind heilig, und ihre Heiligkeit steht für viel mehr als nur ihre Nützlichkeit als Fortpflanzungsorganismen. Ich würde sagen, daß die Heiligkeit der Jungfrauen eine entscheidende Rolle im Zusammenhalt der wenigen geschlossenen Gruppen von Männern spielt, die in vielen der traditionellen Gesellschaften der Mittelmeerländer gefunden werden können. (Schneider, S. 21 f.)

Im Gegensatz zum nördlichen Europa, wo auch auf Grund ökonomischer Notwendigkeiten die Virginitätsnormen gelockert wurden, um uneheliche Kinder als Gesinde aufnehmen zu können, boten die großen Verwandtschaftsgruppen des mediterranen Raumes die idealen Bedingungen, um Virginität als absoluten Wert zu postulieren.

Nationalismus und Machismo — Zur kulturellen Bedrohung des Selbstwertgefühls

1 Zea (1983).
2 Zitiert nach Monsiváis (1982), S. 194.
3 Zitiert nach Beyhaut, S. 230.
4 Vgl. Ramos, S. 127.

5 Vgl. Gibson (1966), S. 46f.
6 Zitiert nach Monsiváis (1981), S. 15.
7 Vgl. Mirande und Enriquez, S. 104.
8 Zitiert nach Monsiváis (1982), S. 208.
9 Zitiert nach „Uno mas Uno", 2. November 1985.

Die Männlichkeit der Politik

1 Vgl. Riding, S. 157f.
2 Zitiert nach Beyhaut, S. 129.
3 Wolf, S. 208.
4 Vgl. zur „Väterlichen Herrschaft": Marvin Goldwert, der sich mit einem tiefenpsychologischen Ansatz der Thematik nähert. Die Arbeiten zu diesem Thema sind rar. Vgl. für eine kurze Darstellung: Rünzler, Phil. Diss., Wien 1986.
5 Es bleibt allerdings unbestritten, daß sich Mexiko auch hier keineswegs grundlegend von anderen Ländern unterscheidet. Nicht zuletzt die zu beobachtende Entwicklung der Präsidentenwahlen in den USA läßt vermuten, daß auch in hochindustrialisierten Ländern mit demokratischer Tradition die mediengerechte Präsentation der Person eines Kandidaten und eine emotionale Argumentation entscheidend sind. In Mexiko scheint mir die Bedeutung von väterlichen oder machistischen Führerpersönlichkeiten vor allem in den unteren und mittleren Rängen der Parteihierarchie — bis zu den Gouverneuren der Bundesstaaten — gegeben, während sich die Regierung immer mehr aus Technokraten zusammensetzt.
6 Vgl. Stockes, S. 302.
7 Zitiert nach Tobler, S. 460.
8 Ebd.
9 Ebd. S. 456.
10 Vgl. Mistron, S. 6.
11 Vgl. beispielsweise Beyhaut, S. 128.
12 Vgl. ebd., S. 139.
13 In welchem Maß der Machismo als „Geisteshaltung" Bestrebungen zur Militarisierung der Gesellschaft entgegenwirkt, ist schwer zu beurteilen, an der Diskrepanz zwischen diesen beiden Formen von „Männlichkeit" besteht jedoch kein Zweifel. Vgl. dazu auch S. 128: Zurückgezogenheit, Verschlossenheit, Selbstkontrolle.
14 Die Loyalität der Soldaten gegenüber ihren Offizieren wurzelt nicht zuletzt in dem Selbstverständnis des lateinamerikanischen Mannes, daß Personen „entscheiden". Für eine gründliche Analyse der Stellung der Armee in Lateinamerika ist es unerläßlich, diesen Aspekt zu berücksichtigen.
15 Vgl. Paz (1981), S. 118.
16 Bezeichnenderweise rechtfertigt sich Pedro Martínez in dem gleichnamigen Roman von Oskar Lewis vor seiner Frau, die ihm Vorhalte macht, daß er sich politisch betätigt, mit den Worten: „Sollen wir denn wie Frauen sein? Ein Mann muß sich mit diesen Dingen beschäftigen." Lewis (1980), S. 205.
17 Zitiert nach Müller, S. 70.

18 Zitiert nach Stevens (1965), S. 850.
19 Vgl. auch Goetze, S. 135 ff.
20 Viezzer, S. 90.

Die Eigenheit des Machismo. Zur Erfassung und Abgrenzung eines fluktuierenden Stereotyps

1 Vgl. dazu die „Klassiker“ von Octavio Paz und Samuel Ramos, „El Mexicano“ von Raoul Bejar-Navarro, „El Mexicano“ von Santiago Ramirez, „Psicoanálisis de la dinámica de un pueblo“ und „El Mexicano“ von Anciento Aramoni, „El Mexicano“ von Ariol Anguera und Vargas Ariola, „Sicología de Las Mexicanas“ von Juana Armanda Alegría, nur um einige der bekanntesten zu nennen.
2 Bejar Navarro, S. 106.
3 Vgl. Klapp, S. 464.
4 Ich gehe auf diese Problematik hier nicht weiter ein, da ich des öfteren auf verschiedene machistische Gesellschaften bzw. Gruppen bezug nehme und Unterschiede zu anderen Formen von männlichen Rollen betone. Zum Machismo außerhalb von Mexiko vgl. auch Jose Antonio Valverde über Spanien, Julio Mafud „El Machismo en Argentina“, Peter J. Wilson „Reputation and Respectability“ über den Karibikraum, Edward W. Christensen "Consueling Puerto Ricans“ über Puerto Rico, Andrei Simic "Management of the Male Image in Jugoslavia“, M. A. Quinones/J. Gotsch „Machismo among Puerto Rican Farmworkers in Southern New Jersey“, Isabel Picó „Machismo and Education in Puerto Rico“, Michele Wallace „Black Macho and the Myth of the Superwoman“ über die schwarze Bevölkerung in den USA, J. Pitt-Rivers „The Fate of Sechem or the Politics of Sex“ über den mediterranen Raum, A. Mirandé und E. Enriguez „La Chicana“ über die mexikanischen Auswanderer in den USA. Die Literatur zu den Rollenstereotypen in Kuba ist relativ umfangreich, allerdings nimmt diese vor allem auf die weibliche Rolle Bezug: Johnetta B. Cole „Women in Cuba“, Nicola Murray „Socialism and Feminism“, Geoffrey E. Fox „Honor, Shame, and Womens Liberation in Cuba“, Allan Young „Gays under the Cuban Revolution“; Lewis, Lewis, Rigdon „Four Men“.
5 Jackobson Michaelson und Goldschmid (1971).
6 „Peasentry“ definieren sie mit: Peasants are agricultural producers who have the right on the land that they cultivate, produce primarily for their own subsistence needs though also for exchange, and form part of a state organized political system. Ebd., S. 330.
7 Vgl. ebd., S. 347.
8 Monsiváis (1981), S. 11.
9 Vgl. Scott-Kinzer, S. 303.
10 Eine Aufteilung wie die des bekannten Folkloreforschers V. T. Mendoza, der zwischen einem authentischen Machismo, der sich durch „Mut, Geistesgegenwart, Großzügigkeit, Stoizismus, Heroismus und Tapferkeit“ äußert und von einem falschen Machismo unterscheidet, erscheint mir wenig informativ, außer als Ausdruck des Machismo des Autors. S. S. 113: Die Charakteristika.

11 Vor allem nicht mexikanische Autoren tendieren dazu, diese Komponente des Machismo überzubetonen. Zitate wie: „Machismo refers to an attitude of male pride in sexual virility, a form of narcism that condones the sexual use and abuse of women, and, in the extreme, violence as a dimension of sexual gratification or instrumental to sexual goals" (McCormack, S. 545), reduzieren den Machismo auf dessen „plakativste" Komponente.
12 Vgl. Williamson, S. 184.
13 Poniatowska, S. 190.
14 Vgl. Saadawi, S. 125.
15 Vgl. dazu Williamson, S. 184. Scott-Kinzer, S. 301.
16 Die in der Folge angeführten Zitate von Jesús Sánchez und seiner Kinder Manuel, Roberto, Consuelo und Marta entstammen alle dem Buch „Die Kinder von Sánchez". Trotz der teilweise berechtigten Kritik an den Arbeiten von Lewis scheint es mir doch sinnvoll, sie als Ausdruck der Denkweise eines beträchtlichen Teils der Bevölkerung anzuführen.
17 Lewis (1982), S. 150.
18 Vgl. ebd., S. 157.
19 Vgl. dazu Goldsmith und Goldberg (1974).
20 Auf die evidente Diskrepanz zwischen dem Ideal der Frau, das hier zum Ausdruck kommt, und der Realität werde ich noch ausführlicher Bezug nehmen.
21 Vgl. dazu French, S. 523 ff.
22 Vgl. Carns, S. 681.
23 Vgl. Lewis (1980), S. 543 f.
24 Lewis (1982), S. 142 f.
25 Vgl. ebd., S. 349.
26 Vgl. dazu Mitterauer, 1987.
27 Vgl. Williamson, S. 180.
28 Lewis (1982), S. 45.
29 Ebd., S. 138.
30 Ebd., S. 141.
31 Vgl. Bolton, S. 328.
32 Pitt-Rivers, S. 78.
33 Vgl. ebd., S. 24.
34 Vgl. ebd., S. 170.
35 Reynes-Nevares, S. 15.
36 Lewis (1982), S. 310 f.
37 Vgl. Ramos, S. 60.
38 Zitiert nach Paredes, S. 21.
39 Vgl. Uno mas Uno, Juni 1986.
40 Vgl. Lucero Trujillo, S. 39.
41 Vgl. Coltharp, S. 32.
42 Paz (1980), S. 80 f.
43 Vgl. ebd., S. 84.
44 Paz (1980), S. 46 f.
45 Vgl. Miller, S. 355. Diese Nachsicht gegenüber dem „männlichen" Homosexuellen von der Oktavio Paz spricht, wird auch von Kuba — wo Homosexuelle noch stärker diskriminiert werden als in Mexiko —

berichtet. „As long as a man retains his ‚masculin‘ role, he is not homosexual in the eyes of the Cubans“, betont Allen Young in seinem Buch über die Situation der Homosexuellen in Kuba. Young, S. 25.
46 Vgl. beispielsweise Turnbull und Brown, S. 68.
47 Vgl. Uno mas Uno, 27. Februar 1985.
48 Vgl. dazu Mitterauer (1986), S. 177 ff.
49 MacCoby (1972), S. 252 und S. 247.
50 Vgl. Uno mas Uno, 27. Februar 1985.
51 Ramos, S. 64.

Abb. 34: **Ein deutscher Infanterist . . .** Eine harte Ausbildung, Kampf gegen Polen, Franzosen und Engländer gingen dem Kampf gegen den unmenschlichen Gegner in der Sowjetunion voraus. Dieser letzte Gegner hat auch dem deutschen Infanteristen die letzte Härte gegeben, den letzten Schliff zum Einzelkämpfer. Das Bewußtsein, den Kampf gegen den wohl ausgerüstetsten, aber nur durch seine Masse wirkenden Bolschewisten siegreich bestehen zu können, hat ihm auch die Kraft zum Durchhalten in dem schwersten aller Winter gegeben.
. . . und sein Gegner: Ein Produkt der Masse. Grausam, verhetzt und undenkbar stur, das Werkzeug, das sich der Bolschewismus formte, um mit ihm die Fahne der Weltrevolution vom Osten zum Westen zu tragen. Zwei Monate wurde er ausgebildet, dann in Eilmärschen an die Front getrieben. Er ist einer, der leben blieb, einer der wenigen aus der Unzahl derer, die in so dichten Massen, wie sie nie zuvor ein Krieg kannte, vor den deutschen Stellungen in diesem Winter verbluteten. Vom Krieg weiß er weiter nichts . . .

52 Dieses Selbstbild des faschistischen Mannes als Teil eines Blocks, als eines Körpers, erklärt sehr viel von den unbewußten Mechanismen des Faschismus, trotzdem bleiben noch viele Fragen zum Phänomen Individuum-Masse offen. So betonte insbesondere die Nazi-Propaganda das Einzelkämpfertum, d. h. die Individualität des deutschen Soldaten, welche ihn grundlegend von dem als „tierisch“ und „vermaßte“ apostrofierten Gegner abheben sollte.
53 Vgl. Stevens (1965), S. 848.
54 Lewis (1982), S. 265.

55 Vgl. Ramos, S. 61.
56 Vgl. beispielsweise Anderson, S. 251.
57 Paz (1980), S. 63.
58 Vgl. hierzu Roger Mindlin, S. 56, und vor allem die sehr interessante Arbeit von Gunzelin Schmid Noerr und Annelinde Eggert, die versucht haben, das Ritual des Stierkampfes über dessen unbewußten Inhalte zu analysieren.
59 Aggression als profanes Mittel der Herrschaft gilt weltweit als Zeichen von Männlichkeit bzw. als Teil des männlichen Wesens. Ich gehe konform mit dieser Ansicht, daß Aggression ein wesentliches Element der „Männlichkeit" darstellt, diese ist aber meiner Ansicht nach weitestgehend angelernt und nicht geschlechtsspezifisch angeboren. Vgl. dazu auch French, S. 86ff. Zu dem Stand der wissenschaftlichen Diskussion zur Frage von angeborenen bzw. angelernten männlichen Eigenschaften vgl. insbesondere Joseph H. Pleck, The Myth of Masculinity; zu geschlechtstypischen Verhalten aus psychologischer Sicht vgl. A. Degenhardt und H. M. Trautner; F. Wesley und Claire Wesley.
60 Lewis (1982), S. 65.
61 Vgl. Perez (1977).
62 Gilmore und Gilmore, S. 282.
63 Vgl. ebd., S. 282.
64 Paz (1980), S. 85.
65 Vgl. dazu Marilyn French, die in ihrem Buch „Beyond Power" beeindruckend darstellt, wie sich das Patriarchat aus dem Bestreben die Natur zu transzendentieren, d. h. zu beherrschen entwickelt hat. In diesem Prozeß wurde — ihrer Darstellung zufolge — Macht zu einer zentralen Kategorie menschlicher Existenz.
66 Zitiert nach French, S. 509.
67 Lewis (1982), S. 179.
68 Vgl. Pitt-Rivers, S. 35f.

Der Mythos vom „ganzen Mann". Machismo als Abgrenzung gegenüber der weiblichen Welt
Die fehlenden Väter — Erziehung und Abhängigkeit in einer Gesellschaft mit polaren Geschlechterrollen

1 Zitiert nach Hayner, S. 370.
2 Vgl. Bridges, S. 312.
3 Vgl. Youssef, S. 331.
4 Vgl. ebd., S. 333.
5 Vgl. Johnson und Cutwright, S. 378.
6 Vgl. Youssef, S. 335.
7 Vgl. Goldsmith und Goldberg, S. 285.
8 Vgl. Bridges, S. 320f.
9 Vgl. ebd.
10 Vgl. Hayner, S. 372.
11 Vgl. Diaz-Guerrero, S. 414.
12 Vgl. McGuinn, S. 310.

13 Zitiert nach Aramoni (1961), S. 195f.
14 Vgl. Careaga, S. 76.
15 Vgl. ebd., S. 75.

Vergleichende Studien zum Zusammenhang von männlichem Rollenverhalten und frühkindlichen Einflüssen

1 Daß es unweigerlich zu Konflikten kommen muß, wenn Männer die als „weiblich" wahrgenommenen Bereiche ihrer Persönlichkeit verdrängen müssen, erscheint ja auch dann schlüssig, wenn man keineswegs mit der „status-envy"-Theorie übereinstimmt.
2 Vgl. Whiting, S. 126f.
3 Vgl. dazu Gilmore und Gilmore, S. 286. Zahlmann-Willenbacher, „Geschlechtsrollendifferenzierung und Geschlechtsrollenidentifikation", S. 86ff.
4 Vgl. Whiting, Kluckhohn und Anthony, S. 346ff. French, S. 77ff.
5 Vgl. Harrington und J. W. M. Whiting, S. 488.
6 Vgl. Mitterauer (1986), S. 182ff., Es ist mir im Rahmen dieser Arbeit leider nicht möglich, mich mit der Bedeutung von Jugendgruppen und des „compadrazgo" (der Patenschaft) für die Erlernung der Geschlechtsrollen der männlichen Jugendlichen in Mexiko zu beschäftigen, obwohl dies zweifellos für die Problematik des Machismo von Bedeutung wäre. Weiters scheint es mir wahrscheinlich, daß der Einfluß von „peer-groups" in urbanen Gebieten höher ist, als in ruralen; diese Annahme hat allerdings weitgehend spekulativen Charakter, da mir ausführliche Arbeiten dazu nicht bekannt sind.
7 Ebd., S. 210.
8 Vgl. Zahlmann-Willenbacher, Geschlechtsrollendifferenzierung und Geschlechtsrollenidentifikation, S. 98.
9 Ich beziehe mich hier nur auf „manche Gruppen", da es völlig verfehlt wäre anzunehmen, daß die „Jugend-Subkultur" nur dieses „Modell" einer männlichen Rolle anbieten würde; das wohl populärste Beispiel einer anderen Männerrolle am Rand der „guten Gesellschaft" ist, oder war, der „Hippie". Vgl. dazu Paul Willis, „Profane Culture", S. 109ff. Die Zahl der Arbeiten, die auf das Männlichkeitsbild der verschiedenen „jugendlichen Subkulturen" Bezug nehmen, ist recht dürftig, was um so mehr erstaunen läßt, da es bei vielen Gruppen doch deutlich zu Tage tritt, welche Bedeutung sie für die „männliche Identität" ihrer Mitglieder haben. Gruppen, wie beispielsweise die „skinheads", können, ohne ihr „Männerbild" zu berücksichtigen, nicht verstanden werden. Vgl. dazu John Clarke, „Die Skinheads und die magische Rückgewinnung der Gemeinschaft", für einen Überblick, Michael Brake, Comparative Youth Culture, The Sociology of Youth Cultures and Youth Subcultures in America, Britain and Canada.

Die Flucht in die Männlichkeit — Zum Konflikt zwischen patriarchalischen und matriarchalischen Strukturen in Mexiko

1 Philip Slater beschreibt ähnliche Strukturen und Verdrängungsmechanismen in seiner Arbeit über das alte Griechenland. Auch er inter-

pretiert die extreme Frauenverachtung der Griechen unter anderem als die Reaktion der erwachsenen Männer auf ihre kindliche Bindung an die Mutter. Zitiert nach French, S. 102.
2 Vgl. dazu Careaga, S. 128.
3 Vgl. Stevens (1973), S. 91 ff.
4 Vgl. Fromm und MacCoby, S. 392.
5 Vgl. Buttler Flora, S. 66 ff. Mahieu, S. 90 ff.
6 Vgl. Lewis (1980), S. 548.
7 Vgl. ebd., S. 546.
8 Vgl. Fromm und MacCoby, S. 392.
Es scheint, daß sich vor allem mit zunehmendem Alter das Kräfteverhältnis zugunsten der Frauen verschiebt. Vgl. dazu auch MacCoby, Modiano und Lander. Die Informationen dazu sind allerdings recht spärlich, und auch für die damit im Zusammenhang stehende Frage, wie weit auch für einen alten Mann das Männerbild des Machismo noch bindend ist, fehlen mir leider aufschlußreiche Informationen. Auf die Ausarbeitung der Fragebögen und den — unvermeidbar problematischen — Modus der Interpretation, mittels dem Fromm/MacCoby entschieden haben, wer im Haushalt dominiert, und ob die Männer als machistisch bezeichnet werden können, kann ich hier nicht näher eingehen. Vgl. dazu: „Psychoanalytische Charakterologie in Theorie und Praxis. Der Gesellschafts-Charakter eines mexikanischen Dorfes", Fromm und MacCoby, S. 485—540.
9 Vgl. dazu Maya Nadig, die eindrücklich die verschiedenen Welten von Mann und Frau bzw. deren Verzahnung in der bäuerlichen Gesellschaft Mexikos dargestellt hat.
10 Vgl. Fromm und MacCoby, S. 392.

Die Frau in der Öffentlichkeit — Zum Widerspruch zwischen Rolle und sozialer Realität

1 Die Assoziation von körperlicher Gewalttätigkeit als Attribut von Männlichkeit ist ein immer wiederkehrendes Element in soziologischen Studien und in literarischen Texten. Vgl. dazu beispielsweise Lewis (1980), S. 351 und S. 442, oder Isabell Allende, Das Geisterhaus, S. 119.
2 Vgl. Robl Greis (1982).
3 Vgl. dazu Brownmiller, Gegen unseren Willen. Vergewaltigung und Männerherrschaft, S. 22.
4 Vgl. Uno mas Uno, 11. April 1985.
5 Fitzmaurice-Kelly (1927).
6 Vgl. ebd., S. 577 ff.
7 Die Literatur zu den Azteken ist relativ umfangreich, allerdings stellt sich auch hier das Problem, daß die zur Verfügung stehenden Quellen beinahe ausschließlich auf die Oberschichte der Gesellschaft Bezug nehmen. Angesichts des hohen Durchdringungsgrades des Gesellschaftssystems erscheint es mir aber doch berechtigt, anzunehmen, daß die in den Quellen wiedergegebenen Ansprüche an den einzelnen auch für die Masse der Bevölkerung weitgehend bindend waren.
Es erscheint mir legitim, nur die Azteken als Repräsentanten der in-

dianischen Kulturen anzuführen, da sie die dominierende Bevölkerungsgruppe darstellten und vor allem darum, weil sich die anderen einflußreichen Ethnien aller Wahrscheinlichkeit nach nicht signifikant von den Azteken unterschieden.

8 Sahagun 1946, 1 : S. 603—604, zitiert nach Mirandé und Enríquez, S. 20.

9 Vgl. Lopez Austin, Bd. I, S. 334.

10 Es erscheint mir legitim, von der sexuellen Unterdrückung der Frau als einem allgemeinen Kennzeichen patriarchalischer Gesellschaften zu sprechen. Dies soll aber nicht dazu führen, Geschlechtsrollen und Sexualnormen als besonders statisch anzusehen; Angeline Goreau hat am Beispiel Englands des 17. Jahrhunderts deutlich gemacht, wie rasch sich Sexualnormen zumindest in einer bestimmten Schicht ändern können: „Im Jahre 1660 führt die neuerliche Thronbesteigung Karls II. zu einer abrupten und entscheidenden Abkehr von der protestantischen Ethik, die Cromwell während des Interregnums durchzusetzen versucht hatte. Der Wunsch des Königs, sich peinlich von seinem Vorgänger zu unterscheiden — verstärkt durch seine natürlichen Neigungen — schuf eine Atmosphäre, in der man die Promiskuität fast ebenso zur sozialen Norm erhob, wie es die puritanische Partei zuvor mit der Gottgefälligkeit getan hatte. Goreau, S. 135.

11 Ob dies auch bei den Azteken der Fall war, kann nicht erschöpfend beantwortet werden; es scheint aber, daß die restriktiven Sexualnormen bei den Azteken weitaus bindender als bei den Spaniern waren. Vgl. dazu Lopez Austin, Bd. I, S. 328ff.;

12 Bennassar (1979), S. 202.

13 Weder in Spanien noch in anderen europäischen Ländern wurde die Prostitution, wie auch die anderen Formen der Sexualität, aus dem öffentlichen Leben verdrängt oder mit Heimlichkeiten umgeben. Auch wenn sie zeitweilig von kirchlichen oder weltlichen Kreisen mit Mißfallen angesehen wurde, gab es doch kein gesellschaftliches Verbot, welches dem einzelnen als Selbstzwang soweit eingeprägt war, daß es Peinlichkeit erzeugt hätte, davon zu reden. Kaiser Sigismund bedankt sich 1434 öffentlich beim Berner Stadtmagistrat dafür, daß es ihm und seinem Gefolge drei Tage lang das Frauenhaus unentgeltlich zur Verfügung gestellt habe. Das gehörte — wie etwa ein Gastmahl — mit zu der Bewirtung, die man hohen Gästen bot. Mit der Ausweitung der Inquisition hatte aber — vor allem in Spanien — diese Ungezwungenheit ein Ende. Vgl. Elias, Bd. I, S. 242. Was die Inquisition in erster Linie verfolgte, war die „Ansicht", daß bezahlter Geschlechtsverkehr keine Sünde sei, und nicht so sehr die Prostitution selbst.

Aussage des Francisco Garcia Borrero über Laurenzo Diáz, Schatzmeister von Talavera de la Reina (1611):
„Eines Abends am Feuer hörte der Unterzeichnete, wie Laurenzo Diáz, der über Unzucht und schmutzige Dinge, die mit Frauen zu tun hatten, sprach, sagte, daß es keine so große Sünde sei, Geschlechtsverkehr mit einer einzigen Frau mit schlechtem Lebenswandel zu haben als mit einer verheirateten Frau; und daß man mit einer ein-

zigen Frau mit schlechtem Lebenswandel keine moralische Sünde beginge, wenn man nicht öfter als sieben Mal mit ihr schlief."

Archivo Histórico Nacional, Inquisition, Legajo 70, Folio 8, zitiert nach Bennassar (1889), S. 266.

14 Bennassar (1979), S. 198.

15 Henry Swinburne, Travels through Spain in the years 1775 and 1776, London 1787. Joseph Townsend, A Journey through Spain, London 1791, zitiert nach Bennassar (1979), S. 199.

16 Vgl. ebd., S. 182.

17 Martin Gonzales de Cellorigo, Memorial de la politica necesaria y util restauracion de Espana, Valladolid 1600, zitiert nach Bennassar (1979), S. 182.

18 Vgl. Boxer, S. 52.

19 Vgl. Mitterauer, der betont, daß in den historischen Einzelgesellschaften bzw. Teilöffentlichkeiten die Geschlechtsrollenstereotype stärker nach Alter und Stand differiert haben als heute. „Vor allem die weibliche Rolle war je nach dem, ob es sich um ledige, verheiratete oder verwitwete Frauen gehandelt hat, unterschiedlich konzipiert. Dies hängt mit der größeren Bedeutung von notwendigen Bindungen durch das generative Verhalten zusammen." Mitterauer (1987).

20 Vgl. Lavrin, S. 41.

21 Vgl. ebd.

22 Vgl. ebd., S. 42.

23 Vgl. Graciarena, S. 39. Gonzales Salazar, S. 184ff.

24 Vgl. Mitterauer (1987).

25 Vgl. Jaquette, S. 266ff.

26 Vgl. Youssef, S. 333.

27 Vgl. ebd., S. 337.

28 Vgl. ebd., S. 336.

29 Vgl. de Barbieri, S. 52.

30 Lewis (1980), S. 301.

31 Vgl. Gissi Bustos, S. 36ff.

32 Aramoni (1972), S. 69.

Literatur

Marvin Alisky, Historical Dictionary of Peru, New York 1979.
Juana Armada Alegría, Sicología de las Mexicanas, Mexiko D. F. 1974.
Thomas P. Anderson, The Social and Cultural Roots of Political Violence in Central America, in: Aggressive Behavoir 2, 1976, S. 249—255.
Oriol Anguera und *Vargas Arreola,* El Mexicano, Mexiko D. F. 1983.
Anciento Aramoni, El Mexicano. Un ser aparte?, Mexiko D. F. 1984.
Anciento Aramoni, Machismo, in: Psychology Today, Jan. 1972, S. 69—72.
Anciento Aramoni, Psicoanálisis de la dinamica de un pueblo, Mexiko D. F. 1961.
Antonio Ariol Anguera und *Francisco Vargas Arreola,* El Mexicano. Raices de la Mexicanidad, Mexiko D. F. 1983.
Philippe Ariès, Paulus und das Fleisch, in Ariès, Bejin Hgs., Die Masken des Begehrens, Frankfurt/Main 1984.
Teresita de Barbieri, La condición de la mujer en América Latina. Su participatión social; antecedentes y situación actual, in: CEPAL, Mujeres en América Latina, Mexiko D. F. 1975, S. 46—87.
Raúl Béjar Navarro, El Mexicano. Aspectos culturales y psicosociales, Mexiko D. F. 1983.
Fernando Benítez, Los demonios en el convento. Sexo y religión en la Nueva España, Mexiko D. F. 1985.
Fernando Benítez, Los primeros Mexicanos. La vida criolla en el siglo XVII, Mexico D. F. 1984.
Bartolomé Bennassar, La America Espanola y la America Portuguesa. Siglos XVI—XVII, Madrid 1980.
Bartolomé Bennassar, The Spanish Character, London 1979.
Gustavo Beyhaut, Süd- und Mittelamerika II. Von der Unabhängigkeit bis zur Krise der Gegenwart, Fischer Weltgeschichte, Band 23, Frankfurt/Main 1965.
Urs Bitterli, Die „Wilden" und die „Zivilisierten". Die europäisch-überseeische Begegnung, München 1982.
Carl E. Blatt, Mexican Character. An Adlerian Interpretation, in: Journal of Individual Psychology 25, 1969, S. 183—201.
Ralph Bolton, Machismo in Motion. The Ethos of Peruvian Truckers, in: Ethos 7, 1979, S. 312—342.
C. R. Boxer, Mary and Misogyny. Women in Iberian Expansion Oversees, 1415—1815. Some facts, fancies and personalities, London 1975.
Michael Brake, Comparative Youth Culture, London u. a. 1985.

Fernan Braudel, The Mediterranean and the Mediterranean World in the Age of Philip II, 2 Bände, London 1972.
Julian C. Bridges, The Mexican Family, in: Man Singh Das und Clinton J. Jesser Hg., The Family in Latin America, New Delhi 1980, S. 295—334.
Donald C. Briggs und *Marvin Alisky,* Historical Dictionary of Mexico, New York 1981.
Susann Brownmiller, Gegen unseren Willen. Vergewaltigung und Männerherrschaft, Frankfurt/Main 1978.
Irina Buche, Metzger, Schell, Hg., Mexiko. Die versteinerte Revolution, Bornheim-Merten 1985.
Elinor C. Burcett, Indian women and white society. The case of sixteenth-century Peru, in: Asuncion Lavrin Hg., Latin American Women. Historical Perspectives, Westport, London 1978, S. 101—128.
Elinor C. Burcett, In dubious Sisterhood. Class and Sex in Spanish Colonial South America, in: Latin American Perspectives 4, 1977, S. 18—26.
Cornelia Buttler-Flora, The Passive Female and Social Change, in: Ann Pescatello Hg., Female and Male in Latin America, University of Pittsburgh Press 1973, S. 60—85.
William Byron, Cervantes. Der Dichter des Don Quijote und seine Zeit. Franfurt/Main 1984.
Gabriel Careaga, Mitos y fantasias de la clase media en Mexico. Mexiko D. F. 1984.
Donald E. Carns, Talking about Sex, in: Journal of Marriage and Family, Nov. 1983, S. 677—688.
Julio Caro Baroja, Honour and Shame. A Historical Account of Several Conflicts, in: J. G. Péristiany Hg., Honor and Shame. The Values of Mediterranean Society, Chicago 1966, S. 79—137.
Americo Castro, La realidad histórica de Espana, Mexiko D. F. 1982.
Americo Castro, Spanien. Vision und Wirklichkeit, Köln - Berlin 1957.
Miguel de Cervantes Saavedra, Don Quijote. Der sinnreiche Junker Don Quijote von der Mancha, Stuttgart 1974.
Francois Chevalier, Land und Society in Colonial Mexico. The Great Haciendas, Berkely - Los Angeles 1963.
Beverly L. Chinas, The Isthmus Zapotecs. Women's Roles in Cultural Context, New York 1973.
Edward W. Christensen, Counseling Puerto Ricans. Some cultural considerations, in: The Personel and Guidance Journal 53, 1975, S. 349—356.
John Clark, Die Skinheads und die magische Rückgewinnung der Gemeinschaft, in: A. Honneth, R. Lindner, R. Paris Hg., Jugendkultur als Widerstand. Milieus, Rituale, Provokationen, Frankfurt/Main 1979, S. 171—175.
Johnetta B. Cole, Women in Cuba. The Revolution within the Revolution, in: Beverly Lindsay Hg., Comparative Perspectives of Third World Women. The Impact of Race, Sex and Class, New York 1980, S. 162—178.
Lurine Coltharp, The Tongue of the Tirilones. A Linguistic Study of a Criminal Argot, Alabama 1965.

Hernán Cortés, Die Eroberung Mexikos. Drei Berichte von Hernán Cortés an Kaiser Karl V., Frankfurt/Main 1980.
Marcelin Defourneaux, Daily Life in Spain in the Golden Age, Stanford 1970.
Anette Degenhardt und *Hanns Martin Trautner,* H., Geschlechtstypisches Verhalten. Mann und Frau in psychologischer Sicht, München 1979.
Bette Denich, Sex and Power in the Balkans, in: Rosaldo und Lamphere Hg., Women, Culture and Society, Stanford 1974, S. 243—262.
Bernal Diaz del Castillo, The Conquest of New Spain, Penguin Books 1981.
Rogelino Diaz-Guerrero, Neurosis and the Mexican Family Structure, in: American Journal of Psychiatry 112, 1955, S: 411—417.
Peter N. Dunn, The Spanish Picaresque Novel, Boston 1979.
Norbert Elias, Über den Prozeß der Zivilisation. Soziogenetische und psychogenetische Untersuchungen, 2 Bände, Frankfurt/Main 1976.
John H. Elliott, Imperial Spain, 1469—1716, Penguin Books 1983.
Mario Erdheim, Die gesellschaftliche Produktion von Unbewußtheit. Eine Einführung in den ethnoanalytischen Prozeß. Frankfurt/Main 1982.
Mario Erdheim, Prestige und Kulturwandel. Eine Studie zum Verhältnis subjektiver und objektiver Faktoren des kulturellen Wandels zur Klassengesellschaft bei den Azteken. Wiesbaden 1972.
Julia Fitzmaurice-Kelly, Women in the Sixteenth-Century Spain, in: Revue Hispanique 70, 1927, S. 557—632.
Enrique Florescano und *Isabel Gil Sánchez,* La época de las reformas borbónicas y el crecimiento económico 1750—1808, in: El Colegio de Mexico Hg., Historia general de Mexico, Band I, Mexiko D. F. 1976, S. 473—589.
Geoffrey E. Fox, Honor, Shame, and Women's Liberation in Cuba. Views of Working-Class Emigrate Men, in: Ann Pescatello, Female and Male in Latin America, University of Pittsburgh Press 1973, S. 273—290.
Marilyn French, Jenseits der Macht. Über Frauen, Männer und Moral. Reinbeck bei Hamburg 1985.
Erich Fromm und *Michael MacCoby,* Psychoanalytische Charakterologie in Theorie und Praxis. Der Gesellschafts-Charakter eines mexikanischen Dorfes, in: Rainer Funk Hg., Erich Fromm Gesamtausgabe, Band III, Empirische Untersuchungen zum Gesellschafts-Charakter, Stuttgart 1981, S. 232—538.
Giovanni Francesco Gemelli Careri, Viaje a Nueva España, Mexiko D. F. 1983.
Charles Gibson, Spain in America, New York 1966.
Charles Gibson, The Aztecs under Spanish Rule. A History of the Indians of the Valley of Mexico 1519—1810, Stanford 1964.
John Gillin, Ethos Components in Modern Latin American Culture, in: American Anthropologist 57, Nr. 3, 1955, S. 488—500.
Margarete M. Gilmore und *David D. Gilmore,* Machismo. A Psychodynamic Approach, in: Journal of Psychological Anthropology 2, 1979, S. 281—299.
Jorge Gissi Bustos, Mythology about Women. With special reference to

Chile, in: J. Nash and Icken Safa Hg., Sex and Class in Latin America, New York 1980, S. 30—45.
Dieter Goetze, Politischer Entwicklungsprozeß und Manifestation der Gewalt in der kubanischen Revolution, in: Jahrbuch für Geschichte von Staat, Wirtschaft und Gesellschaft Lateinamerikas 15, 1978, S. 135—175.
Alfredo Goldsmith und *R. J. Goldberg,* Psychosocial Aspects of Vasectomy in Latin America, in: The Journal of Sex Research 10, 1974, S. 278—292.
Marvin Goldwert, History as Neurosis. Paternalism and Machismo in Latin America. Lanham 1980.
Gloria Gonzales Salazar, Participation of Women in the Mexican Labor Force, in: J. Nash und H. Icken Safa Hg., Sex and Class in Latin America, New York 1980, S. 183—201.
Angeline Goreau, Zwei Engländerinnen des 17. Jahrhunderts. Anmerkungen zu einer Anatomie der weiblichen Lust, in: Ariès u. a. Hg., Die Masken des Begehrens, Frankfurt/Main 1984, S. 130—146.
Juan Goytisolo, Spanien und die Spanier, Suhrkamp 1982.
Jorge Graciarena, Notes sobre el problema de la desigualdad sexual en sociedades de clases, in: CEPAL Hg., Mujeres en America Latina. Aportes para una Discusión, Mexiko D. F. 1975, S. 26—45.
Clarence H. Haring, The Spanish Empire in America, New York 1952.
Charles Harrington und *John W. M. Whiting,* Socialization Process and Personality, in: Psychological Anthropology, Revised edition, 1972, S. 469—507.
Larry A. Harris, Pancho Villa and the Columbus Raid, El Paso 1949.
Norman S. Hayer, The Family in Mexico, in: Journal of Marriage and Family Living 16, No. 4, 1954, S. 369—373.
Dwight B. Heath, Historical Dictionary of Bolivia, New York 1972.
Tamás Hofer, Europäische Analogien der Entwicklung von Rinderzucht-Monokulturen in der Großen Ungarischen Tiefebene, in: Vera Zimányi, Hg., Studien zur deutschen und ungarischen Wirtschaftsentwicklung, Budapest 1985, S. 89—102.
J. I. Israel, Race, Class and Politics in Colonial Mexico, 1610—1670, London 1975.
June Jaquette, Female Political Participation in Latin America, in: J. Nash and H. Icken Safa Hg., Sex and Class in Latin America, New York 1980, S. 211—244.
D. R. Johnson und *Ph. Cutwright,* Problems in the Analysis of Latin American Illegitimacy, in: M. Armer und A Grimshaw Hg., Comparative Social Research, Methodological Problems and Strategies, New York 1973, S. 377—408.
Henry Kamen, Die spanische Inquisition, Verfolgung und Vertreibung, München 1980.
Henry Kamen, Spain 1469—1714, New York 1983.
Henry Kamen, Spain. In the later seventeenth Century 1665—1700, London 1980.
Orrin E. Klapp, Mexican Social Types, in: American Journal of Sociology 69, 1963—1964, S. 404—414.
Richard Konetzke, Süd- und Mittelamerika I. Die Indianerkulturen Alt-

amerikas und die spanisch-portugiesische Kolonialherrschaft, in: Fischer Weltgeschichte, Band 22, Franfurt/Main 1965.
Richard Konetzke, Zur Geschichte des spanischen Hidalgos, in: J. Vincke Hg., Gesammelte Aufsätze zur Kulturgeschichte Spaniens, München 1962, S. 147—160.
Jacques Lafaye, Los Conquistadores, Mexiko D. F. 1984.
Jacques Lafaye, Quetzalcóatl y Guadalupe. La formación de la conciencia nacional en Mexico, Mexiko D. F. 1977.
Asunción Lavrin, In Search of the Colonial Women in Mexico. The seventeenth and eighteenth Centuries, in: Asunción Lavrin Hg., Latin American Women. Historical Perspectives, Westport - London 1978, S. 23—59.
Lazarillo de Tormes, Die Listen der Selbsterhaltung, o. A. Fritz Rudolf Fries Hg., Berlin 1985.
Irvin A. Leonard, Los libros del Conquistador, Mexiko D. F. 1979.
Oskar Lewis, Die Kinder von Sánchez. Selbstporträt einer mexikanischen Familie, Bornheim 1982.
Oskar Lewis, Five Families. Mexican Case Studies in the Culture of Poverty, New York 1962.
Oskar Lewis, Pedro Martínez, Penguin Books 1980.
Oskar Lewis, Rigdon, Four Men. Living the Revolution. An Oral History of Contemporary Cuba, Urbane - Chicago - London 1977.
Andrés Lira und *Luis Muro,* El siglo de la integración, in: El Colegio de Mexico Hg., Historia General de Mexico, Band I, Mexiko D. F. 1976, S. 371—465.
Lee Lockwood, Castro's Cuba, Cuba's Fidel, New York 1969.
Derek W. Lomax, Die Rekonquista. Die Wiedereroberung Spaniens durch das Christentum, München 1980.
Alfredo Lopez Austin, Cuerpo humano e ideologia. Las conceptiónes de los antiguos Nahuas. 2 Bände, Mexiko D. F. 1984.
Marcela Lucero Trujillo, The Terminology of Machismo, in: De Colores 4, 1978, S. 34—42.
Michael MacCoby, Alcoholism in a Mexican Village, in: D. C. McClelland u. a. Hg., The Drinking Man, New York 1972, S. 232—260.
Michael MacCoby, Love and Authority. A Study of Mexican Villagers, in: The Atlantic 213, 1964, S. 121—126.
Michael MacCoby, N. Modiano, P. Lander, Games and Social Character in a Mexican Village, in: Psychiatry, Journal of the Study of Interpersonal Process 27, 1964, S. 150—162.
Thelma McCormach, Machismo in Media Research. A Critical Review of Research on Violence and Pornography, in: Social Problems 25, 1977—1978, S. 545—555.
Noel F. McGuinn, Marriage and Family in Middle-Class Mexico, in: Journal of Marriage and the Family 28, 1966, S. 305—313.
Angus MacKay, Spain in the Middle Ages. From Frontier to Empire, 1000—1500, London and Basingstocke 1977.
Colin M. MacLachlan and *Jaime E. Rodriguez,* The Forging of the Cosmic Race. A Reinterpretation of Colonial Mexico, Berkely - Los Angeles 1980.

Salvador de Madariaga, Die Erben der Conquistadoren. Das spanische Reich in Amerika, Stuttgart 1947.
Julio Mafud, El Machismo en la Argentina, in: Mundo Nuevo 16, 1967, S. 72—78.
José Augustín Mahieu, Feminine Types and Stereotypes in Mexican and Latin American Cinema, in: Cultures 8, No. 3, 1982, S. 83—95.
Evalyn Jacobson-Michaelson und *W. Goldschmidt,* Female Roles and Male Dominance among Peasants, in: Southwestern Journal of Anthropology 27, 1971, S. 331—352.
Walter D. Miller, Lower Class Culture as Generating Milieu of Gang Delinquency, in: M. E. Wolfgang u. a. Hg., The Sociology of Crime and Delinquency, London - Sydney - Toronto 1962, S. 351—363.
Roger Mindlin, Spanischer Tanz, Olten - Freiburg im Breisgau 1966.
Alfredo Mirandé und *Evangelina Enríquez,* La Chicana. The Mexican American Women, Chicago 1979.
Deborah E. Mistron, The Role of Pancho Villa in the Mexican and American Cinema, in: Studies in Latin American Popular Culture 2, 1983, S. 1—13.
Michael Mitterauer, Sozialgeschichte der Jugend, Frankfurt/Main 1986.
Michael Mitterauer, Zwischen Natur und Kultur. Thesen zum Verhältnis von Geschlechterrollen und geschlechtsspezifischer Arbeitsteilung in historischen Entwicklungsprozessen, Papier zur Vorlesung, 1987.
Carlos Monsiváis, Amor perdido, Mexiko D. F. 1984.
Carlos Monsiváis, La nación de unos cuantos y las esperanzas románticas. Notas sobre la historia del término „cultura nacional" en Mexico, in: SEP Hg., En torno de la cultura nacional, Mexiko D. F. 1982, S. 160—228.
Carlos Monsiváis, Machismo, in: Fem 5, No. 18, 1981, S. 9—20.
Alejandra Moreno Toscano, El siglo de la conquista, in: El Colegio de Mexico Hg., Historia General de Mexico, Band I, Mexiko D. F. 1976, S. 289—370.
Magnus Mörner, Race Mixture in the History of Latin America, Boston 1967.
Hans-Joachim Müller, Der Machismo als Rezeptionsgrundlage für Juan Rulfos „Pedro Paramo", in: Zeitschrift für Lateinamerika, Wien 23, o. J., S. 44—56.
Nicola Murray, Socialism and Feminism. Women and the Cuban Revolution, in: Feminist Review 3, 1979, S. 99—108.
Maya Nadig, Die verborgene Kultur der Frau. Ethnopsychoanalytische Gespräche mit Bäuerinnen in Mexiko. Frankfurt/Main 1986.
José Emilio Pacheco, La patria perdida. Notas sobre Clavijero y la „cultura nacional", in: SEP Hg., En torno de la cultura nacional, Mexiko D. F. 1982, S. 11—50.
Graciela Palau de Nemes, Machismo, in: Americas 26, S. 2—7.
Américo Paredes, The United States, Mexico and „Machismo", in: Journal of the Folklore Institute 8, 1971, S. 17—37.
Octavio Paz, Das Labyrinth der Einsamkeit, Suhrkamp 1980.
Octavio Paz, Der menschenfreundliche Menschenfresser. Geschichte und Politik 1971—1980, Frankfurt/Main 1981.

Fernando Penalosa, Mexican Family Roles, in: Journal of Marriage and the Family 30, 1968, S. 680—689.
Thomas Perez, Power Motivation and the Concept of Machismo, Diss., Harvard University 1977.
J. G. Péristiany, Honor and Shame. The Values of the Mediterranean Society, Chicago 1966.
Ann Pescatello, in: Ann Pescatello Hg., Female and Male in Latin America, University of Pittsburgh Press 1973.
Isabel Picó, Hg., Machismo y education en Puerto Rico. Estudio del Centro de Investigaciones Sociales, Universidad de Puerto Rico 1979.
Julian Pitt-Rivers, The Fate of Shechem or the Politics of Sex, Cambridge, New York, London 1977.
Joseph H. Pleck, The Myth of Masculinity. Cambridge - Massachusetts - London 1983.
Elena Poniatowska, Allen zum Trotz. Das Leben der Jesusa, Bornheim - Merten 1982.
Noemí Quezada, Amor y magia amorosa entre los Aztecas. Supervivencia en el Mexico Colonial, Mexiko D. F. 1984.
Mark A. Qinones und *John Gotsch,* Machismo among Puerto Rican Farmworkers in Southern New Jersey, in: Caribbean Studies 16, No. 1, 1976, S. 124—130.
Santiago Ramírez, El Mexicano. Psicología de sus motivationes, Mexiko D. F. 1977.
Samuel Ramos, Profile of Man and Culture in Mexico, University of Texas Press 1962.
Salvador Reynes Nevares, El Machismo en Mexico, in: Mundo Nuevo 45, 1970, S. 14—19.
Alan Riding, Vecinos distantes. Un retrato a los Mexicanos, Mexiko D. F. 1985.
Joachim Ritter, Hg., Historisches Wörterbuch der Philosophie, Basel - Stuttgart 1971.
Julius Rivers, Latin America. A Sociocultural Interpretation, New York 1978.
Ingala Robl Greis, La violación sexual. Consequencia de la violencia social, unveröffentlichte Arbeit, Mexiko D. F. 1982.
Dieter Rünzler, Machismo. Entstehung und Wirkung eines Stereotyps am Beispiel Mexikos, Phil. Diss., Wien 1986.
Naval el Saadawi, Tschador. Frauen im Islam, Bremen 1980.
Gunzelin Schmid-Noerr u. *Annelinde Eggert,* Die Herausforderung der Corrida. Vom latenten Sinn eines profanen Rituals, in: *Alfred Lorenzer,* Hg., Psychoanalytische Studien zur Kultur, Frankfurt/Main 1986, S. 99—162.
Jane Schneider, Of Vigilance and Virgins. Honor, Shame and Access to Resources in Mediterranean Society, in: Ethnology 10, 1971, S. 1—24.
Nora Scott-Kinzer, Priest, Machos and Babies; Or, Latin American Women and the Manichean Heresy, in: Journal of Marriage and the Family 35, 1973, S. 301—311.
Andrei Simic, Management of the Male Image in Yugoslavia, in: Anthropological Quarterly 42, 1969, S. 89—101.

Jaques Soustelle, So lebten die Azteken. Am Vorabend der spanischen Eroberung, Stuttgart 1956.
Jürgen von Stackelberg, Von Rabelaise bis Voltaire. Zur Geschichte des französischen Romans. München 1970.
H. J. Stammel, Der Cowboy. Legende und Wirklichkeit von A—Z. Ein Lexikon der amerikanischen Pioniergeschichte. Berlin - München - Wien 1972.
Stanley J. Stein und *Barbara Stein,* La herencia colonial de América Latina, Mexiko D. F., Madrid - Bogota 1984.
Evelyn P. Stevens, Marianismo. The other Face of Machismo in Latin America, in: Ann Pescatello Hg., Female and Male in Latin America, University of Pittsburgh Press 1973, S. 89—101.
Evelyn P. Stevens, Mexican Machismo. Politics and Value Orientations, in: The Western Political Quarterly 18, 1965, S. 848—857.
William F. Stockes, Latin American Politics, New York 1959.
Lonn Taylor und *Ingrid Maar,* The American Cowboy, New York 1983.
Klaus Theweleit, Männerphantasien, 2 Bände, Reinbeck bei Hamburg 1980.
Hans-Werner Tobler, Die mexikanische Revolution. Gesellschaftlicher Wandel und politischer Umbruch, Frankfurt/Main 1984.
Tzvetan Todorov, The Conquest of America. The Question of the Other, New York 1985.
Debi Turnbull und *Marvin Brown,* Attitudes towards Homosexuality and Male and Female Reactions to Homosexual and Heterosexual Slides, in: Canadian Journal of Behavioural Sience, 1977, S. 67—80.
José Antonio Valverde, El Macho herido. Retrato sexual de los Espanoles, Madrid 1986.
Paul Veyne, Homosexualität im antiken Rom, in: Ariès u. a. Hg., Die Masken des Begehrens, Frankfurt/Main 1984, S. 40—50.
Moema Viezzer, Wenn man mir erlaubt zu sprechen. Zeugnis der Domitila, einer Frau aus den Minen Boliviens, Bornheim 1983.
Michele Wallace, Black Macho and the Myth of the Superwomen, London 1979.
Luis Weckmann, La herencia medieval de Mexico, 2 Bände, Mexiko D. F. 1984.
Claire Wesley und *Frank Wesley,* Das Rollen-Diktat. Zur Psychologie der Geschlechter, Frankfurt/Main 1978.
Ian Whitaker, Familial Roles in the Extended Patrilineal Kingroup in Northern Albania, in: J. G. Peristiany Hg., Mediterranean Family Structures, Cambridge 1976, S. 195—203.
Beatrice Whiting, Sex Identity Conflict and Physical Violence, in: American Anthropologist 67, 1965, S. 123—139.
J. W. M. Whiting, R. Kluckhohn und *A. Anthony,* The Function of Male Initiation Ceremonies at Puperty, in: M. C. MacCoby u. a. Hg., Readings in Social Psychology, London 1961, S. 359—370.
Robert C. Williamson, Role Themes in Latin America, in: Seward, Georgene u. a. Hg., Sex Roles in Changing Society, New York 1970, S. 177—199.
Paul Willis, Profane Culture. Rocker, Hippies: Subversive Stile der Jugendkultur, Frankfurt/Main 1981.

Peter J. Wilson, Reputation and Respectability. A Suggestion for Caribbean Ethnology, in: MAN. The Journal of the Royal Anthropological Institute 4, 1969, S. 70—84.
Eric Wolf, Sons of the Shaking Earth, Chicago, London 1959.
John Womack, Sterben für die Indios. Zapata und die mexikanische Revolution, Zürich 1968.
Ione S. Wright und *Lisa M. Neckholm,* Historical Dictionary of Argentina, New York 1978.
Allan Young, Gays under the Cuban Revolution, San Francisco 1981.
Nadia Youssef, Cultural Ideals, Feminine Behaviour and Family Control, in: Comparative Studies in Society and History 15, No. 3, 1973, S. 326—347.
Barbara Zahlmann-Willenbacher, Geschlechtsrollendifferenzierung und Geschlechtsrollenidentifikation, in: Degenhardt und Trautner Hg., Geschlechtstypisches Verhalten, München 1979, S. 85—101.
Leopoldo Zea, América como Conciencia, Mexiko D. F. 1983.

Abbildungen

Coverphoto: Fortino Sámano, ein Falschmünzer, vor seiner Erschießung. Archivo Casalola, Fototeca del Inah.

Abb. 1: Pancho Villa und eine seiner Frauen. Archivo Casalola, Fototeca del Inah.

Abb. 2: Aus dem Bildarchiv des Autors.

Abb. 3: Theodor Galle (1671—1733): America. Graphische Sammlung Albertina, Wien.

Abb. 4: Die Amazonen. Aus: *I. A. Leonard,* Los Libros del Conquistador. Mexiko D. F. 1959.

Abb. 5: Jodacus Hondius, 1599: Die „Kopflosen". Herzog August Bibliothek Wolfenbüttel, Berlin, DDR.

Abb. 6: Grausamkeiten der Spanier. B. de Las Casas, Bildarchiv Preußischer Kulturbesitz, Berlin.

Abb. 7: Balboas Kriegsführung mit Bluthunden. Aus: *A. Antkowiak,* El Dorado. Die Suche nach dem Goldland. Volk und Welt, Berlin 1976.

Abb. 8: Theodor Galle (1671—1733): Die Landung Amerigo Vespuccis in Amerika. Graphische Sammlung Albertina, Wien.

Abb. 9: Monument an der „Plaza de los Tres Culturas" in Mexiko-Stadt. Aus dem Bildarchiv des Autors.

Abb. 10: Guamam Poma. Indianische Frauen waren Freiwild der Eroberer . . . Aus: *A. Antkowiak,* El Dorado. Volk und Welt, Berlin 1976.

Abb. 11: Guamam Poma . . . die Ehe jedoch war den Spaniern heilig . . . Aus: *A. Antkowiak,* El Dorado, a. a. O.

Abb. 12: Polizei führt einen gefangengenommenen Bankräuber der Presse vor. Aus dem Bildarchiv des Autors.

Abb. 13: Gaucho. Musée Canonale Debaux Arts, Lausanne.

Abb. 14: Gauchos vor Lehmhütte. Musée Canonale Debaux Arts, Lausanne.

Abb. 15: Zapata. Musée Canonale Debaux Arts, Lausanne.

Abb. 16: José Alfredo Jiménez. Aus: *C. Monsiváis,* Amor perdido. Mexiko D. F. 1984.

Abb. 17: Aus: Para verte mejor, américa latina. Mexiko D. F. 1983.

Abb. 18: Ein „haciendado" und sein „mayordomo". Aus: *C. M. MacLachlan* und *J. E. Rodriguez,* The Forging of the Cosmic Race. A Reinterpretation of Colonial Mexico. Berkely-Los Angeles 1980.

Abb. 19: „Calavera Zapista". Aus: *J. Womack,* Sterben für die Indios. Zapata und die mexikanische Revolution. Atlantis Verlag 1972.

Abb. 20: Kadetten in Galauniform. Aus dem Bildarchiv des Autors.
Abb. 21: Soldaten von Pancho Villa. Musée Canonale Debaux Arts, Lausanne.
Abb. 22: Ernesto „Che“ Guevara. Musée Canonale Debaux Arts, Lausanne.
Abb. 23: Fortino Sámano, ein Falschmünzer, vor seiner Erschießung. Archivo Casalola, Fototeca del Inah.
Abb. 24: Männer im Gespräch mit Prostituierten. Archivo Casalola, Fototeca del Inah.
Abb. 25: Musée Canonale Debaux Arts, Lausanne.
Abb. 26: Frau holt ihren Mann aus der Cantina. Archivo Casalola, Fototeca del Inah.
Abb. 27: Wehrmachts-Parade unter Hakenkreuz-Flaggen auf dem Hamburger Heiligengeistfeld. Aus: Katalog zur Ausstellung Männersache. Bilder – Welten – Objekte. Hrsg. vom Museumspädagogischen Dienst der Kulturbehörde Hamburg. Hamburg 1987.
Abb. 28: „Calavera Maderista“. Aus: *J. Womack*, Sterben für die Indios. Atlantis Verlag 1972.
Abb. 29: Stierkampfplakat mit weiblichem Torero. Aus dem Bildarchiv des Autors.
Abb. 30: Archivo Casalola, Fototeca del Inah.
Abb. 31: Bestrafung von Ehebrechern. Aus: *N. Quezada*, Amor y magia amorosa entre los Aztecas. Supervivencia en el México Colonial. Mexiko D. F. 1984.
Abb. 32: Mexikanische Fabriksarbeiterinnen. Archivo Casalola, Fototeca del Inah.
Abb. 33: La Soldatera. Musée Canonale Debaux Arts, Lausanne.
Abb. 34: Die Norddeutsche Soldaten-Zeitung, Hamburg, 5. Januar 1940. Aus: Museumspädagogischer Dienst, Hamburg 1987.